하루 10분 마음챙김으로 나를 바꾸는 법

끊임없이
흔들리고 불안한
내 마음을 다스리는
삶의 기술

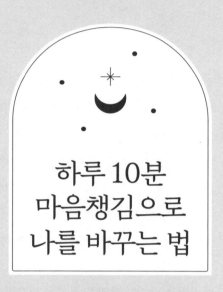

하루 10분
마음챙김으로
나를 바꾸는 법

홀리 B. 로저스 지음
신솔잎 옮김

빌리버튼 sillybutton

만약 20대에 마음챙김 명상을 알았다면 어땠을까? 그럼에도 수많은 시행착오를 겪었을 테지만, 덜 불안해하고 온전히 그 순간을 받아들이며 조금은 즐길 줄 아는 시간을 보냈을 것 같다. 명상을 하루라도 일찍 시작할 수 있다는 것은 정말 큰 행운이다. 이 책은 마음챙김 명상을 시작하는 이들에게 길잡이가 되어줄 것이다.

– 유정은, 명상어플 마보 대표

이 책은 살아가면서 마주한 복잡한 문제에 마음챙김이 어떤 해결책을 줄 수 있는지를 이해하기 쉽게 설명한다. 이 책에서 소개하는 간단한 수행법은 마음챙김이 실행하기 쉽다는 사실을 보여줄 뿐 아니라, 교육학을 연구하는 수많은 이들에게도 귀중한 자료로 활용될 것이다.

– 제이슨 존스, 박사, 버지니아대학교 명상과학센터

고대로부터 내려온 명상 속에 담긴 지혜와 현대 과학,
수많은 사람들을 가르친 저자의 폭넓은 경험이 더해져
마음챙김 수행을 시작하고 싶거나 배우고 싶은 모든 사
람이 참고할 수 있는 훌륭한 교재가 탄생되었다.

— 제프 브랜틀리, 의학박사, 듀크대학교 메디컬센터 정신의학 및
행동 과학과 자문 부교수이자 듀크통합의료센터 설립자

명상이 혼란스럽게 느껴지는가? 매력적이고, 이해하기
쉽고, 실제적으로 풀어낸 이 책은 명상을 시작하는 데
필요한 모든 것을 담고 있다.

— 수미 런던 킴, 듀크대학교 불교 지도법사

읽기 쉽고, 대단히 실용적인 이 책은 고대의 수행법에
근거를 둔 21세기 책이다. 저자의 경력과 마음챙김 수행
에 대한 애정이 더해져 많은 사람에게 큰 선물이 될 결

과물이 탄생했다.

－ 새런 샐즈버그, 《행복을 위한 혁명적 기술, 자애》,
《하루 20분 나를 멈추는 시간》의 저자

저자는 많은 사람들에게 호기심과 열린 태도로 마음챙
김과 명상을 탐험할 기회를 마련해주었다. 따뜻하면서
도 분명하고 직접적인 어조로 저자는 찰나처럼 흐르는
귀중한 삶의 속성을 솔직하게 설명하며 마음챙김과 명
상이 현재의 순간에 온전히 몰입할 비법이라고 강조한
다. 이 책은 마음챙김을 향한 회의감과 의구심을 해소시
켜 마음챙김을 이해하는 데서 꾸준히 수행하기까지의
간극을 좁혀준다.

－ 진 메이혼, 교육학 석사, 하버드대학교 웰니스센터장

저자는 삶을 시작하는 수많은 사람들을 잘 알고 있을 뿐

아니라 이들에게 무엇이 필요한지도 진심으로 이해하고 있다. 이 책을 통해 저자는 고민하고 방황하는 이들에게 도움이 되는 통찰과 실용적인 기술을 전해준다.

− 배리 보이스, 〈마인드풀Mindful〉 매거진과 mindful.org 편집장

저자는 마음챙김에 관한 자신의 경험담을 바탕으로 아주 특별한 서문을 완성했다. 오랫동안 직접 마음챙김을 수행했을 뿐 아니라 듀크대학교에서 학생들을 가르쳤던 저자의 경험이 이 책에 고스란히 담겨 있다. 지혜롭고 실용적이고 편하게 읽을 수 있는 책이다.

− 미라바이 부시, 명상 및 마음챙김 강사이자
'사회 속 명상적 마음 센터' 공동 창립자이자 선임 연구원, 《Contemplative
Practices in Higher Education》 공동 저자

우리는 모두 이 지구의 방문객이자
유한한 시간 동안만 머무르는 손님이다.
이 짧은 시간 동안 다른 방문객들과 갈등을 겪으며
외롭고 불행하게 사는 것보다 더욱 어리석은 일이 있을까?
우리의 짧은 시간 동안 타인과 유대감을 느끼고
타인에게 봉사하며 충만하고 의미 있는 삶을 사는 것이
훨씬 바람직하다.

— **달라이 라마**Dalai Lama

혼란스러운 시대에는
마음챙김이 필요하다

우선 내 이야기부터 해보겠다. 나는 30세가 되자마자 정신과 의사로서 첫 커리어를 시작하기 위해 홀로 뉴질랜드로 갔다. 안정된 전공의 수련 프로그램을 뒤로 하고 가족, 친구들의 품을 떠나 큰 모험을 감행한 것이었다. 결과적으로는 현명한 선택이었고, 그곳에서 일했던 1년은 삶에서 무척 기억에 남는 시간이 되었다.

미국으로 돌아가야 할 때가 되자 나는 상당히 불안했다. 가족과 친구들이 그립기도 했지만 뉴질랜드에서의 삶도 상당히 만족스러웠다. 노스캐롤라이나로 향하는 내내 무거운 걱정과 자기 회의에 시달렸다.

기나긴 여정에 오르기 전 《쉽게 이해하는 마음챙김 Mindfulness in Plain English》이라는 책을 우연히 발견했다. 제목이 무슨 뜻인지 궁금해서 고른 책이었다. 마음챙김이란 말을 처음 들어본 데다, 솔직히 말해 그리 어려워 보이지도 않았다.

나는 순식간에 책 속으로 빠져들었다. 저자는 미래를 걱정하거나 과거를 후회하는 데 시간을 낭비하는 대신 지금 이 순간의 경험에 의식을 집중하는 삶의 태도, 마음챙김에 대해 설명하고 있었다. 누구나 마음챙김 명상이라는 기술을 배울 수 있으며, 이를 바탕으로 삶의 만족도를 높이고 마음의 큰 평안을 얻을 수 있다고 적혀 있었다.

흥미가 일었던 나는 한 번 시도해보기로 마음먹었다. 처음으로 바닥에 쿠션을 몇 개 깔아놓고 그 위에 털썩 앉아 명상을 시작했다. 책에 나온 안내를 따르며 곧장 마음의 평온이 깃들길 기대했다. 그러나 불편함만 찾아왔다. 나는 크게 실망했다.

가만히 앉아 정신없이 오가는 생각을 지켜보는 것은 고통스러울 정도로 힘들었다. 내 마음속에 지금껏 내가 경험했던 모든 일이 뒤섞여 정신없이 휘몰아치고 있다는 것을 그때 처음 알았다. 단 몇 분 동안 가만히 앉아 있는 것이 내 능력 밖의 일일 줄 미처 몰랐다. 내가 이런 일도 할 수 없다는 사실이 견딜 수 없었고, 어떤 도전 의식이 나를 사로잡았다.

노스캐롤라이나에 도착한 후 강사를 찾고, 명상 그룹에 가입하고, 명상 수련에도 여러 번 참가했다. 처음에는 힘들었지만, 얼마 지나지 않아 마음챙김 수행이 약속했던 심오한 변화를 여러 번 경험했다. 미래에 대한 걱정이 줄었고, 삶의 소소한 행복에 눈을 떴으며, 내가 삶에서 무엇을 원하는지 명확히 알게 되었다. 시간이 흐를수록 '내가 의대에 다닐 때 마음챙김을 알았더라면 얼마나 좋았을까' 하는 생각이 자주 들었다. 그랬더라면 학교생활이 훨씬 나았을 거라는 확신이 들었다.

자신을 제대로 알기 위한 여정

여러 변화와 도전을 마주하는 사람들에게 마음챙김은 꼭 필요하다. 마음챙김을 통해 인생의 모든 중요한 선택에 영향을 미치는 자기 지각self-awareness을 기를 수 있기 때문이다. 또한 스트레스를 관리하고 마음의 평안을 유지하는 데도 도움이 된다. 마음챙김으로 일상생활 속 멋진 순간을 빠짐없이 음미하면, 거칠게 요동치는 인생의 여정 내내 즐거움을 어느 하나 놓치지 않을 수 있다.

내 이야기로 돌아가, '마음챙김을 좀 더 일찍 알았더라면' 하고 아쉬워했다는 이야기까지 했다. 몇 년 뒤, 나는 노스캐롤라이나 주 더럼에 있는 듀크대학교 내 학생상담센터에서 정신과 의사로 일자리를 얻었다.

마음챙김의 효과를 직접 경험했으니, 앞으로 자주 만나게 될 학생들에게 마음챙김을 알릴 수 있다는 가능성에 신이 났다. 괜찮은 아이디어처럼 보였지만 이내 예상보다 훨씬 힘들다는 것을 깨달았다. 듀크대 학생들은 무척이나 바빴고, 새로운 것을 배우는 데 시간을 많이 낼 수 없었다. 게다가, 학생들은 대부분 마음챙김 수행에 시간을 들일 만한 가치가 있는지 의심했다.

길고 긴 이야기를 짧게 줄이면, 마음챙김이 학생들에게 유용하고 매력적으로 다가갈 방법을 찾는 데 몇 년이나 걸렸다. 듀크대 메디컬센터의 정신과 수련의이자 나처럼 마음챙김을 학생들에게 교육하는 데 관심이 컸던 마거릿 메이탄Margaret Maytan을 만난 것이 행운이었다. 수많은 시행착오와 여러 학생이 전해준 훌륭한 피드백을 바탕으로 수년간 노력한 끝에 마거릿과 나는 대중성과 유효성을 모두 충족하는 프로그램을 만들어냈다(그리슨 외, 2014).

우리는 이 프로그램에 '코루Koru'라는 이름을 붙였다. 코루란 양치식물에서 새로 갈라져 나오는 잎이 나선형 모양을 띠는 것을 의미하는 뉴질랜드 원주민 마오리족의 단어로, 새롭고도 균형 잡힌 성장을 상징한다. 마오리족 사람들은 자연과, 삶을 향한 균형 잡힌 접근을 숭배하는데, 이는 마음챙김이 담고 있는 여러 중요한 가치와도 맥락을 같이한다. 코루는 현재 미국 전역은 물론 해외로도 널리 전파되었고, 이 책을 쓰는 지금에는, 충분한 근거를 바탕으로 젊은 세대에게 특화된 마음챙김 프로그램은 코루가 유일하다고 볼 수 있다.

지금껏 코루에 참여했던 학생들이 보여준 변화에 크게 놀란 나는 수많은 사람들에게 마음챙김을 널리 알리고 싶었다. 그래서 지금 당신이 읽고 있는 이 책이 세상에 나왔다.

이 책을 활용하는 법

이 책은 독자가 마음챙김을 자연스럽게 시도하도록 유도한다. 내 경험상, 마음챙김이 유용한 기술임을 이해시키는 데서, 실제로 의미 있는 수행을 실천하기까지의 간극을 좁히는 지점이 제일 까다로웠다. 이 책은 마음챙김과 그 장점을 알려주는 데서 그치지 않고, 삶에 긍정적인 변화를 불러올 규칙적인 수행이 자리 잡도록 도와주고 앎과 수행의 간극을 뛰어넘게 해줄 것이다.

이미 마음챙김의 몇 가지 장점을 짧게 언급한 셈이다. 앞으로 나올 이야기를 듣고 당신 안에 호기심과 의구심이 동시에 생긴다고 해도 그리 놀랄 일은 아니다. 다행스럽게도 이 혼란스러운 감정이야말로 어떤 종류든 새로운 모험의 서막을 알리는 완벽한 시작점이다.

마음챙김이 정말 당신에게 유용한지 알아볼 방법은 오직 하나뿐이다. 직접 시도해보는 것이다. 마음챙김을 시도하는 당신에게 이 책이 유용한 가이드가 되기를 바란다.

준비가 되었다면, 당신만의 마음챙김 실험을 다음과 같이 진행해보라.

- 매일 이 책을 몇 페이지씩 읽는다. '잠시 멈춤'이나 '수행 팁'이라는 문구가 나오면 그 글을 되새기거나 소개된 수행을 따라한다.
- 책에서 소개하는 수행법이나 명상 중 하나를 선택해 매일 10분간 수행한다. 달리 할 일이 없다면 수행을 하라. 마음챙김이 자신에게 효과가 있을지 확인하는 유일한 방법이다.
- 매일 같이 수행을 기록한다. 그날그날 수행을 하며 느꼈던 점을 적는다.
- 매일 당신의 삶에서 긍정적인 일이나 감사한 일 두 가지

를 기록한다(이 활동이 왜 유용한지 궁금하면 10장을 보라).

- 스스로 완벽하고자 하는 기대를 버린다. 하루 수행을 못 했다고 해도 포기하지 않는다. 그 다음 날부터 다시 이 어서 꾸준히 하면 된다.

- 하루를 보내는 내내 마음챙김을 염두에 둔다. 양치질이 나 양말 신기 등 아무 생각 없이 하는 일을 하나 고른다. 그런 뒤 그 일을 할 때마다 모든 감각, 생각, 느낌에 주 의를 집중한다. 매주 활동을 바꾼다. 눈길 닿는 곳에 마 음챙김으로 행할 수 있는 일을 리스트로 작성해두면 도 움이 된다.

- 이 책을 다 읽기 전까지는 마음챙김이 자신에게 어떤 효 과가 있는지 판단을 보류한다.

신경 써야 할 것이 많아 보이는가? 분명 어플이 있을 거 라고 생각한다면, 당신 짐작이 맞다! '코루 마인드풀니스 Koru Mindfulness' 어플을 스마트폰이나 태블릿에 다운받아 유 도 명상과 영상 시연을 참고할 수 있다. 코루 어플에는 명상 을 기록하고, 주간 마음챙김 활동을 추적하고, 감사 일기를 적고, 명상을 배우는 사람들과 소통하는 기능이 마련되어 있다.

어플을 사용하고 싶지 않다면? 걱정할 것 없다. 당신이
마음챙김 실험을 하는 데 어플은 전혀 필요치 않다. 다만 눈
에 잘 띄는 곳에 작은 노트를 두고 명상 경험과 그에 따른
감상, 감사한 일을 기록하는 것이 좋다. 도움이 필요하다면
코루 마인드풀니스의 모든 명상법과 기술이 소개되어 있는
웹사이트(http://www.korumindfulness.org/guided-meditations)
를 참고하길 바란다.

———

시작합시다

———

사실, 앞에서 말한 것을 아무것도 하지 않고 이 책만 읽어도
된다. 마음챙김이란 무엇이고 당신에게 어떤 도움을 줄지,
이 책에 자세하게 나와 있다. 그러나 시간을 들여 연습을 하
지 않는다면 어떠한 변화도 실제로 경험할 수 없다. 농구 골
넣기나 피아노 연주 같은 기술을 익히는 것과 마찬가지로
마음챙김도 연습이 필요하다.

이 책이 당신에게 전해진 이유가 분명히 있다는 점을 명심하길 바란다. 직접 이 책을 집어들 만큼 호기심이 일었든, 주변 지인이 당신에게 도움이 될 거라고 생각해 손에 쥐어주었든 말이다. 마음챙김이 당신에게 도움이 될지 궁금하다면 지금이 바로 그 답을 얻을 기회다. 마음을 굳게 먹고 한번 도전해보길 바란다. 지금이 시작하기에 가장 좋은 때다.

1단계

진정한 나를
찾기 위한 준비

마음챙김 명상은 삶을 변화시키지 않는다.

삶은 여전히 연약하고 예측 불가능하다.

다만 명상은 삶을 그대로 받아들이는

마음의 능력을 변화시킨다.

- 실비아 부어스타인
  (심리학 박사이자 심리치료사로 명상 및 불교 철학 지도자)

내면을
바꿀 수 있을까

무엇을 기다리고 있는가? 다음 시험이나 학기가 끝나길 기다리는가? 졸업만 하면? 제대로 된 직장을 찾기만 하면, 또는 돈을 더 많이 벌면 될 것 같은가? 5킬로그램만 감량하면 또는 벤치 프레스 90킬로그램을 성공하면? 완벽한 동반자만 찾으면?

우리의 삶은 대단한 기적과도 같지만 각성해 관심을 기울이지 않는다면, 이 아름다운 지구에서의 유한한 시간 동안만 누릴 수 있는 황홀한 여정 대부분을 놓칠 수밖에 없다. '이것만 끝나면……'이라는 생각을 자주 한다면 삶에 온전히 몰입할 기회를 불확실한 먼 미래로 미루는 습관이 몸에 밴 것이다.

당신만의 문제는 아니다. 거의 모든 사람이 어느 정도 이런 성향을 지니고 있다. 특히 젊은 세대는 더욱 그렇다. 10대 후반에서 20대 때는 앞으로 펼쳐질 인생의 기반을 다지는 시기인 만큼, 미래의 삶을 그리는 데 온 신경이 쏠려 있는 것이 당연하다.

지금 현재 하는 일 대부분이 미래를 위한 준비같이 느껴지겠지만, 사실 당신에게 실제로 주어진 삶은 지금 바로 이 순간에 펼쳐지고 있다. 마음챙김 수업에 참여했던 한 학생이 말했던 것처럼 말이다.

"현재도 진정으로 살지 못하면서 무슨 근거로 미래에는 제대로 살 거라고 생각했을까, 하는 생각이 들었어요."

좋은 지적이다. 지금이 삶을 미루는 습관을 고칠 가장 좋은 시기인지도 모른다.

많은 사람이 본인이 바라는 대로 직업, 인간관계, 돈 등 외부적 요인이 갖춰져야 비로소 마음을 편히 하고 삶을 즐길 수 있을 거라고 생각하며 살아간다. 당신도 비슷한 생각이라면, 이제 이 신념을 달리 하길 바란다. 우선, 당신이 기다리는 그 미래는 결코 오지 않을 것이다. '그 상태'에 이르기 위해서 해내야 일이 늘 더 생기게 마련이니까.

다른 이유로, 삶의 외부 요소는 당신이 생각하는 것만큼 행복에 큰 기여를 하지 않는다. 우리는 완벽한 몸매를 얻거나, 멋진 애인이 생기거나, 큰돈을 벌거나, GRE(대학원 입학 시험-옮긴이) 최고점을 받으면 행복해질 거라 생각한다. 그러나 그 행복은 오래 가지 않는 것으로 밝혀졌다.

보통, 승리로 인한 만족감은 오래 가지 않는다. 내 삶이 처한 환경이 행복을 결정하는 것이 아니기 때문이다. 실로, 우리가 처한 환경이 전반적 행복에 끼치는 영향력은 비교적 미미한 것으로 드러났다(류보머스키, 셸든, 샤케이드, 2005). 우리가 아주 만족스럽게 사느냐, 극심한 고통 속에서 사느냐는 삶에서 벌어지는 일을 이해하고 대하는 방식에 따라 크게 달라진다. 행복에 대한 오해를 바로 잡아야 삶의 질을 크게 높일 수 있다.

원하는 것을 모두 가진 듯 보이지만 여전히 비참하고, 불만스러워하며, 자신의 운명을 걱정하는 사람이 주변에 한 명쯤 있을 것이다(당신이 그 사람인가?). 누릴 수 있는 모든 편의를 마음껏 누림에도 절망 속에 시름하다 스스로 목숨을 끊는 백만장자 이야기를 들어보았을 것이다. 반대로, 끔찍한 현실에 고통받았음에도 대단히 만족하며 사는 사람들의 이야기도 접했을 것이다.

언젠가, 전쟁으로 폐허가 된 나라를 벗어나 난민으로 미국에 온 뒤 구두닦이를 하며 상대적으로 빈곤하게 사는 한 남성의 사연을 들은 적이 있다. 그는 자기 일에 대단한 자부심을 갖고 모든 고객에게 진심으로 친절하게 대했다. 힘든 환경 속에서도 행복하고도 진정성 있게 살아가는 그의 태도가 큰 감동을 불러일으켜 많은 사람의 관심을 받았다.

물론 심각한 문제로 인식되어야 할 상황도 분명 있다. 학대, 편견, 억압, 빈곤에 따른 고통의 무게를 경시하려 드는 것이 결코 아니다. 이러한 불평등을 해결할 실제적인 방안이 필요하다는 인식 대신, 부당함 속에서 고통받는 피해자들에게 태도를 달리해야 한다고 종용하는 것은 터무니없는 이야기다. 그러나 어려움을 대하는 내면의 태도가 달라진다면 어떤 고통이든 아주 조금이나마 약화시킬 수 있다. 마음챙김이 바로 이 내면의 변화를 이끌어낸다.

마음챙김이란 무엇일까

마음챙김은 연민 어린 호기심으로 현재 순간의 경험에 몰입하는 태도를 의미한다. 앞날을 걱정하거나 과거의 과오를 반복할까 두려워하지 않고 눈앞의 순간에 집중하는 것이다.

사람들이 그 능력을 연마하기 위해 노력하지 않을 뿐, 사실 현 순간에 집중하는 능력은 우리 안에 내재된 힘이다. 2,500년 전, 붓다가 깨달음을 얻는 과정에서 마음챙김의 힘을 발견한 이래로 마음속 괴로움을 잠재우는 수행법으로 활용되었지만, 서양에서는 비교적 최근에서야 널리 알려져 인정을 받기 시작했다.

마음챙김은 행복이 오래 지속되는 내면의 환경을 가꾸어 끊임없이 변하는 외부 환경에 따라 흔들리지 않도록 해준다. 즉, 마음챙김은 어떤 일이 닥쳐도 마음의 평안을 유지할 수 있게 해준다.

몸과 마음을 모두 바꿀 수 있다면

판단을 버리고 현재에 의식을 집중하는 법을 배우면 업무 및 학업 능률이 오를 뿐 아니라 어려운 상황에서 자신의 감정을 관리하는 능력이 향상되는 등 삶의 전반에 긍정적인 효과가 나타난다는 과학적 근거가 상당히 많다. 이뿐 아니라 만족감, 연민, 경외감, 감사함 등 긍정적인 정서를 경험하는 능력도 높아진다.

마음챙김으로 도움을 받을 수 있다고 알려진 질환을 몇 가지만 들어보자면, 식이장애, 주의력결핍/과잉행동장애 ADHD, 만성 통증, 우울증, 고혈압, 심장 질환, 불안, 약물 남용, 중독이 있다. 스트레스에 관련한 질환의 대부분이 꾸준한 마음챙김 훈련으로 나아질 수 있다. 마음챙김은 시험 성적, 수면, 기억력을 향상시키기도 한다. 면역력을 높이고 스트레스 호르몬 분비를 낮추는 효과도 있다.

의식을 집중하는 방식을 달리하는 것만으로 두뇌에서 신경계까지 신체에 물리적인 효과를 경험할 수 있다는 말은 선뜻 믿기 어려울 것이다. 그러나 사실 몸과 마음은 별개가 아니다. 몸이 곧 마음이고 마음이 곧 몸이다. 삶이란 대단한 조화 속에서 분자들이 연결되고, 분리되고, 긴밀하게 작용한다. 우리가 경험하는 모든 생각('일 시작하기 전에 프로그램 하나만 더 봐야지')과 감정(굼벵이처럼 운전하는 앞 차 때문에 느끼는 짜증)은 두뇌 속 신경세포 사이를 오가는 화학 반응으로 인해 생각이나 감정에 물리적인 변화가 생긴 것이다.

의식의 방향을 통제해 생각을 변화시키면 두뇌를 구성하는 신경세포가 발화하며 신경계는 물론 그 이상으로 신체 곳곳에서 다양한 반응을 이끌어내고, 또 역으로 이런 과정을 거쳐 생각이 변화한다. 따라서 자신의 의식을 무엇에 어떻게 집중할지에 유의하는 것만으로도 면역 체계의 견고함부터 두뇌 속 특정 부위의 크기까지 영향을 미친다.

과학 노트 ◇ 생각의 변화가 실제적이고 물리적인 결과로 이어진다는 이야기에 의구심이 드는 사람들은 남성이 무엇을 생각하는지에 따라 수염이 자라는 속도가 달라진다는 사실을 들으면 깜짝 놀랄지도 모른다!

1970년에 한 과학자가 익명으로 학술지 〈네이처Nature〉에 성관계를 떠올리는 것만으로 남성의 수염이 빨리 자란다는 연구를 게재했다. 그가 할 일 없는 과학자이자 성관계에 대한 생각을 항상 품었던 사람인 것만은 분명해 보인다. 당시 그는 주중에는 섬에서 홀로 고립된 생활을 하다 주말이면 본국으로 돌아가 '특정한 여성'을 만났다. 그는 성적 쾌락이 예정된 주말에 대한 기대가 커지기 시작하는 금요일부터 자신의 수염이 빨리 자란다는 것을 발견했다.

매일 면도 후 무게를 재고 그래프로 기록한 것을 보면 강박적인 성격의 인물이었던 것 같다. 결과는 놀라웠다. 성행위가 예정된 전날이나 행위를 한 날에는 수염이 빨리 자랐다. 가장 놀라운 점은, 성관계 전날, 그러니까 그가 성관계를 지독히도 많이 떠올리는 날 수염이 자라는 속도가 가장 빨랐다.

테스토스테론 호르몬의 증가가 영향을 미쳤던 것 같다. 남성의 성적 욕구가 왕성해지면 테스토스테론이 높아지고, 테스토스테론이 증가하면 수염이 빨리 자란다('성적 활동이 남성의 수염 성장에 미치는 효과Effects of Sexual Activity on Beard Growth in Man', 1970년).

이 이야기는 우리가 어떤 생각을 하는지가 측정 가능한 물리적 변화를 불러온다는 사실을 드러내는 완벽한 사례다.

마음챙김에서 중요한 것

마음챙김은 아주 단순하면서도 복잡한 수행이다. 따라서 몇 번이고 반복해 설명해야 하는 부분도 있다. 다음 항목은 본격적으로 마음챙김 수행법을 살펴보기에 앞서 전체 그림을 대략적으로 알려준다.

1. 새로운 시각

마음챙김은 본질적으로 삶의 내면적(생각, 감정, 감각), 외면적(타인, 당신이 경험하는 승리와 실패, 날씨) 경험과 사건을 달리 대하는 법을 배우는 것이다.

2. 연습

마음챙김은 연습이 필요하다. 노력을 기울일수록 마음챙김이 당신의 삶에 끼치는 영향력도 커진다. 마음챙김을 수행하는 방법은 다양하지만, 하나같이 침묵 속에서 의식을 현재 순간의 경험에 집중하는 기술을 연마하는 과정을 포함하고 있다. 침묵 안에 머무는 행위를 보통 '명상'이라 일컫는다. 물론 당신이 원하는 대로 이름 붙여도 된다.

3. 판단하지 않는 마음

마음챙김 수행에서 대단히 중요한 점 하나는 좋고 나쁨, 옳고 그름을 자동반사적으로 판단하거나 구별하지 않고, 현상을 그대로 관찰하는 법을 배우는 것이다. 자신이 관찰하는 대상에 판단이라는 필터를 제거하는 데 능숙해지면 삶의 경험을 더욱 정확하고 명확하게 보게 될 것이다.

4. 관찰하는 마음

자신의 경험을 바로 인식하려면 관찰하는 마음observing mind을 길러야 한다. 관찰하는 마음은 생각이나 반응을 만들어 내는 마음이 아니라 그대로 바라보는 마음이다.

5. 통찰력

마음챙김을 수행하며 삶에 대한 중요한 통찰력을 기를 수
있다. 자신이 가치 있게 여기는 것, 의미 있게 여기는 것이
무엇인지 잘 알게 된다. 이 통찰력은 당신과 평생을 함께할
동반자부터 업무에 대한 태도까지 삶에서 마주하는 모든
선택에 길잡이가 되어준다.

———

마음챙김이 아닌 것

———

마음챙김이 해당되지 않는 몇 가지가 있다.

마음챙김은 종교가 아니다

마음챙김과 명상을 영적, 종교적 수행의 일환으로 삼을 수
는 있지만 마음챙김 자체는 종교가 아니다. 역사적으로나
철학적으로 불교에 뿌리를 두고 있으나 마음챙김 명상은

불교에서도 극히 작은 부분일 뿐이다. 불교는 고대부터 전해져 내려오는 복합적인 종교이자 철학으로, 다양한 신념과 의식, 그에 따라 여러 형태로 행해지는 수행을 내포하고 있다. 간단히 말해, 마음챙김 명상을 배우는 것은 불교라는 종교를 행하는 데 필요조건도 충분조건도 아니다. 반대로 마음챙김을 수행하기 위해 반드시 불교를 믿어야 하는 것도 아니다.

마음챙김을 처음 접한 사람들 가운데 자신의 영적 수행과 종교적 신념에 반하는 것이 아닐까 걱정하는 이들도 있다. 내 경험에 비추어보면, 그런 경우는 없었다. 사실, 대부분의 신앙에는 마음챙김 명상과 유사한 특징을 지닌 명상이나 기도가 있다. 마음챙김을 통해 개인의 믿음에 더욱 깊이 연결되는 경험을 한 이들이 많다. 지난 20여 년 동안 듀크대 학생들에게 마음챙김을 가르치면서 거의 모든 종교를 아울러 마음챙김을 본인의 영적 수행에 접목시킨 수많은 학생들의 이야기를 듣는 값진 경험을 했다.

마음챙김이 만병통치약은 아니다

솔직히 말하겠다. 요즘에는 마음챙김의 장점을 극찬하는 광고가 너무 많다. 마음챙김이 어떤 문제든 해결해주고, 인생의 어떤 고통이든 잠재워 줄 거라는 과장된 인상을 전달할 때가 있다. 이게 진짜라면 얼마나 좋을까. 그러나 사실이 아니다. 인간인 이상, 아무리 열심히 마음챙김을 수행한다고 해도 문제는 여전히 있다. 붓다가 깨달음을 구하는 계기가 된 세 가지 불가피한 고통, 즉 노화, 질병, 죽음을 포함해서 말이다. 이 외에도 우리는 성적이 나쁘게 나왔거나, 비행기를 놓쳤거나, 미래가 보이지 않는 일을 하거나, 자동차가 고장 나거나, 돈 문제가 생기거나, 사랑하는 사람과 다투는 등 수많은 문제에 시달린다.

마음챙김이 당신의 삶에 벌어지는 모든 어려움을 해결해주지는 못하지만, 이런 문제들이 삶에 끼치는 파괴력을 약화시킬 수는 있다. 마음챙김은 삶에서 피할 수 없는 고통에 달리 접근하는 법을, 우리의 내적 회복력을 높여 어떤 상황에서도 꿋꿋이 앞으로 나아가는 법을 가르쳐준다. 이것이 어떻게 가능한지는 마음챙김을 어느 정도 경험해보지 않고

는 이해하기 어렵다. 우선 지금은 열린 태도로 마음챙김의
힘을 믿고 한번 시도해보겠다는 의지를 다지는 것이 중요
하다.

────

어떻게 살 것인가

────

자, 그렇다면 어떻게 살 것인가? 어떤 사람이 되고 싶은가?
갖지 못한 것에만 얽매인 채, 주말이 되거나 내년이 와야 자
신 앞에 놓인 소중한 것을 볼 수 있다고 믿는 사람이 될 것
인가? 아니면 좋은 일과 나쁜 일을 포함해 삶의 모든 순간
에 벌어지는 마법을 기꺼이 환영하는 사람이 될 것인가?
　자신의 삶을 진정으로 살고 집중하고 싶다면 이 책을 계
속 읽어나가길 바란다. 바로 그 방법을 배울 수 있을 것이다.

명상을
꼭 해야 할까?

명상을 꼭 해야 하느냐고? 물론이다. 이유를 알려주겠다. 마음챙김은 삶을 향한 태도이자 하나의 접근법이지만, 저글링이나 악기 연주 같은 기술이라고도 볼 수 있다. 선천적으로 타고난 재능과는 다르다. 아무나 할 수 있지만 연습이 필요한 일이고, 명상은 마음챙김이라는 기술을 연마하는 방법이다.

현대 사회의 사람들은 멀티태스킹과 집중력을 재빨리 전환하는 능력을 높이 평가하는 반反마음챙김 문화 속에서 살고 있다. 처음에는 인내심과 호기심을 갖고 한 번에 단 하나에만 집중하는 것이 쉽지 않을 것이다. '나한텐 안 맞는 거 같아' 또는 '완전히 시간 낭비야'라는 생각이 들기도 할 텐데, 이 생각을 그대로 믿다가는 더 깊은 마음챙김으로 빠져들 기회를 잃게 될 수도 있다.

명상 수행을 계속 하다보면 이런저런 생각에 사로잡히지 않고 그저 인식하는 법을 배우게 된다. 이 생각들은 이리저리 떠도는 마음이 만들어낸 단어나 이미지일 뿐이라는 것을 깨닫기 시작한다. 명상의 가치나 명상을 행할 당신의 능력을 진실로 대변하고 있는 것이 아니다.

———

명상은 마음을 훈련하는 것

———

두뇌 훈련은 신체를 단련하는 것만큼 중요한 일이지만 사람들은 대부분 이를 깨닫지 못한다. 하루에 5킬로미터씩 뛰며 달리기 속도를 높이거나 웨이트 리프팅으로 근육을 강화하는 것처럼 명상을 훈련하며 마음챙김에 더욱 가까워질 수 있다. 보통 명상 수행을 가리켜 '마음챙김 근육을 키우는 운동'이라고 일컫는다. 많은 사람들은 탄탄하고 매력적인 몸매를 만들기 위해 일주일에 몇 시간씩 투자를 한다. 그렇다면 탄탄한 마음을 기르는 일에도 얼마쯤 시간을 들일 만한 가치가 있지 않을까?

이렇게 생각해보자. 90킬로그램 무게의 벤치 프레스를 성공하는 대가로 100만 달러를 주겠다고 한다면 당신은 어떻게 하겠는가? '그건 못 할 것 같은데, 아쉽네' 하고 넘기겠는가? 그보다는 어마어마한 돈을 받으려면 이제부터 웨이트 리프팅 훈련을 상당히 해야겠다고 마음먹고 바로 운동을 시작할 것이다. 물론 당장 90킬로그램부터 들려고 하진 않을 것이다. 5킬로그램이나 10킬로그램부터 시작해 조금씩 무게를 올려갈 것이다.

마음챙김 훈련도 이와 같다. 가장 가벼운 훈련은 조용한 곳에서 편안한 의자에 앉아 단 몇 분간 명상을 하는 것이다. 좀 더 무거운 훈련이라면 명상 시간을 늘리거나, 그리 이상적이지 않은 환경에서 명상을 행하는 것이다.

가벼운 무게부터 들어야, 삶이 필연적으로 우리 손에 쥐여주는 무거운 무게에도 준비할 수 있다. 사람에 따라 무겁다고 느끼는 기준이 각자 다르지만, 중요한 시험을 망치거나, 힘든 상사 아래서 일하거나, 친구 및 가족과 다투는 등의 상황이 90킬로그램 무게로 감정을 짓누르는 것처럼 느껴질 수 있다. 그러나 이런 문제들은 마음챙김 기술을 연마할수록 스트레스도 덜 하고 들기에도 한결 쉬워진다.

과학 노트 ◇ 다행히, 마음챙김의 긍정적 효과를 경험하기까지 명상을 아주 오래 수행해야 하는 것은 아니다. 듀크대 학생들을 위해 개발한 명상 프로그램인 코루에서 연구한 바에 따르면 하루에 10분씩, 4주간 마음챙김 수행을 하는 것으로 수면의 질이 개선되었고, 스트레스가 낮아졌으며, 현재에 몰입하는 능력이 향상되었고, 자기 연민이 높아지는 등 학생들의 삶에 대단한 변화가 찾아왔다(그리슨 외, 2014). 몇 주 동안 하루에 단 몇 분이면 삶에 의미 있는 변화가 나타날 수 있다. 충분히 해볼 만하지 않은가?

명상은 생각보다 어렵지 않다

기쁜 소식이 있다. 명상은 대단히 어려운 일이 아니다. 사람에 따라 '명상' 하면 떠오르는 생각이 놀라울 정도로 다양한데, 명상에 대한 잘못된 오해를 하는 사람도 적지 않다. 명상이 지루하게 느껴질 수도 있고, 매력적이거나 이색적으로 느껴지거나, 재미없을 것 같다 생각할 수도 있지만 한 번쯤 호기심이 인다면 시도해볼 만하다.

호흡 알아차림 명상

○ 지금 어디에서 무엇을 하고 있든, 아래 글을 끝까지 읽은 후 명상을 실행해보길 바란다.

○ 눈을 감는다. 호흡에 집중하며 신체 어느 부위에서 숨이 들고 나는 감각이 가장 분명하게 느껴지는지 살핀다. 코끝이 될 수도 있고, 복부나 가슴이 오르락내리락하는 움직임을 느낄 수도 있다. 호흡을 어느 곳에서 느

끼는지는 조금도 중요하지 않다. '정해진' 부위가 있는 것은 아니다.

○ 호흡이 느껴지는 곳을 찾았는가? 그렇다면 이제 그곳에 의식을 집중하며 호흡이 들어오고 나가는 모습을 지켜본다. 호기심을 갖고 관찰한다는 마음으로 호흡을 10회 센다. 호흡을 바꾸려거나 통제하려 들지 않는다. 특별하거나 멋지게 할 필요는 없다. 그저 열 번의 들숨과 열 번의 날숨을 세어본다.

○ 첫 번째 호흡을 마치기도 전에 순식간에 이런저런 생각이 스칠 수도 있다. 그럴 때는 집중하지 못하는 자신이나 정처 없이 떠도는 마음을 판단하지 않고 호흡에 다시 의식을 집중한다. 호흡을 열 번 마친 후 멈춘다.

어땠는가? 약 1분간 명상을 한 셈이다. 불쾌하거나 이상했는가? 이렇게 아홉 번만 더 반복하면 내가 제안하는 하루 10분 명상 수행을 완수하는 셈이다.

조금 전에 했던 것은 가장 널리 행해지는 '호흡 알아차림' 명상이다. 호흡은 항상 존재하고 항상 변하는 만큼 의식을 집중하기에 가장 이상적인 대상이다. 다양한 명상법이 많지만 호흡 알아차림이 가장 기본이 되고 처음 시작하

기도 쉽다. 이 책을 읽어가며 여러 유형의 명상을 배우게
될 것이다.

수행 팁 ◇ 명상을 할 때 바른 자세를 갖추는 것이 중요하다. 구부정한 자
세로는 기민한 정신을 유지하기가 어렵다. 의자에 앉아서 할 생각이라면
안락의자보다는 등받이가 곧은 의자를 고르는 것이 좋다. 바닥에 방석을
깔고 앉을 경우 바닥에서 몇 센티미터 높이가 확보되어야 골반을 앞으로
밀듯이 바닥에 밀착시켜 양반다리를 할 수 있다. 이렇게 앉는 것이 가장
안정되고 편안한 자세다.

바닥 위 방석이 되었든, 의자가 되었든 허리를 쭉 펴고 정수리가 하늘로
끌려 올라가는 느낌으로 앉는다. 양손은 무릎 위에 편안히 둔다.

귀와 어깨를 일직선상에 두고, 턱은 당기며 어깨의 힘을 뺀다. 허리를 곧
추세우고 앉되 너무 힘이 들어가면 자꾸 몸을 뒤척이게 된다. 몸이 움직이
면 마음도 따라 움직일 수밖에 없다. 마음의 동요는 우리가 목표로 한 바
가 아니다.

명상의 두 가지 목표

두 번째 명상 수업 때 재키가 내게 물었다.

"명상할 때 어떤 목표를 갖고 임해야 하나요?"

이 열정적인 학생이 던진 질문은 내가 평소에도 무척 자주 받는 질문이었다. 당신도 명상을 통해 무엇을 얻게 될지 알고 싶을 것이다.

마음챙김 기술을 연마하는 데는 두 가지 수준의 목표가 있다. 첫째는 더 큰 삶의 목표로, 당신이 처음 명상을 결심한 것도 바로 이 목표 때문이었을 것이다. 스트레스를 좀 더 효율적으로 관리하고 싶다거나 신체적, 정서적 고통에 대처하는 법을 배우고 싶다는 등이 여기에 속한다.

둘째는 명상을 하기 위해 자리에 앉은 그 순간에 품는 목표다. 명상으로 성취하려는 것이 무엇인가? 명상을 하는 순간의 목표에 대한 질문을 가장 많이 받는 바, 최선을 다해 가능한 명확히 설명해주고자 한다.

명상을 수행하는 동안 당신의 목표는 의식을 호흡이나

그 외 감각적 경험에 집중시켜 현재의 순간에 온전히 머무는 것이다. 현재에 머물 때 생각이나 감정에 휩쓸리거나 반응하지 않고 그저 인식하는 상태, 안정된 수준의 집중 상태를 가능케 하는 조건이 마련된다. 이러한 인식 수준에 이르면 말로 표현하기 어렵지만 상당한 만족감이 찾아온다. 지극한 행복이라고까지 느끼는 흥미로운 상태를 경험하기도 한다. 어떤 감정이나 생각이 떠오르든 자유롭게 유영할 수 있는 너른 의식 상태다. 반응성은 훨씬 낮아지지만 더욱 강렬하게 느낀다. 무뎌지거나 둔해지는 것이 아니다. 외려 모든 것이 선명해진다. 이 상태에 이를 때 심오한 행복을 느끼는 경우가 많다. 타인을 향한 강한 유대감이 찾아오고, 연민에 대한 감정이 자연스럽게 떠오른다.

솔직히 말하면 10분 동안 명상을 해서 이 상태를 완벽히 경험하기는 어렵다. 이 정도의 정신 집중 상태에 이르려면 오랜 시간이 걸리고, 수행도 상당히 필요하다. 마음챙김 근육을 키우는 과정에서 잠깐씩이나마 비슷한 경험을 할 것이다. 수행에 좀 더 시간을 쏟으면 이러한 의식 공간에 머무는 능력이 확장되지만, 억지로 할 수 있는 일은 절대 아니다.

지금은 앞서 설명한 '더 없이 행복한 상태'를 모두 잊어야만 한다. 그러지 않으면 결코 그곳에 이를 수 없다. 갖은 애를 써도 이 의식 수준이 억지로 열리게 만들 수 없다. 당신이 명상을 통해 지극히 행복한 마음 상태에 이르고자 한다는 목적을 강사인 내가 알고 있는 것만으로도 명상강사협회Meditation Teachers Guild에서 쫓겨날 만한 사유가 될지도 모른다. 왜냐고? 애쓰지 않고 매 순간을 그대로 수용하는 것, 이것이야말로 마음챙김 명상의 필수 요소이기 때문이다.

애쓰지 않는 것이야말로 마음챙김의 기반이다. 언뜻 비논리적인 것 같지만 '어떠한 상태에 이르겠다는 데 조금도 사로잡히지 않아야 비로소 이를 수 있다'는 것이 마음챙김의 근본적인 진리다. 우리가 할 수 있는 일은 이러한 마음 상태가 나타날 수 있는 조건을 마련하는 것뿐이고, 이는 그저 현재 순간에 온전히 머무는 것으로 가능하다. 달라지려면 먼저 당신이 그것을 그대로 인식해야 한다. 다른 방법은 없다.

자, 명상을 수행할 때 어떤 목표를 가져야 하느냐고? 완벽히 현재에 머물고 매 순간에 호기심을 갖는 것 외에는 다른 목표를 갖지 않는 것이 바로 목표다.

명상은 강물에서 빠져나오는 것

명상을 할 때 완벽한 좌절을 맛보지 않기 위해 알아야 할 것이 한 가지 더 있다. 바로 명상은 생각을 멈추는 것이 아니라는 점이다. "생각을 도무지 멈추지 못하겠어요"라는 학생들의 말을 들었을 때마다 5센트씩 받았다면 지금쯤 나는 어마어마한 부자가 되었을 것이다. 생각을 멈추려 하면 실패할 것이고, 명상이 싫어져 결국 그만두게 될 것이다. 그러니 생각을 멈추려 들지 않아야 한다.

우리의 두뇌는 생각을 만들어낸다. 인간의 두뇌는 생각하도록 만들어졌고, 이는 죽음이 찾아오는 마지막 순간까지도 변치 않을 것이다. 명상을 통해 생각을 멈추고자 하는 것이 아니라 생각과의 관계를 바꾸려는 것이다.

우리의 마음은 빠르게 흘러가는 생각의 강물이다. 강은 결코 멈추지 않고 쉴 새 없이 변한다. 어떤 때는 사나운 물살로 거칠어지기도 한다. 잔잔하게 흐를 때도 있다. 명상을 하는 동안 우리는 강을 멈추고 생각을 막으려는 것이 아니다. 물에 휩쓸려 수몰되지 않도록 강물에서 빠져나오는 것이다.

명상을 한다는 것은 강둑으로 올라와 강을 바라보는 것과 같다. 대부분의 사람들은 다음 호흡의 날숨을 뱉기 전에 벌써 강물에 다시 빠져버리고 만다. 명상은 강에 빠지려는 자신을 다시 둑 위로 올리는 법을 배우는 것임을 당신도 경험하게 될 것이다. 둑 위에 걸터앉아 호기심과 인내심을 갖고 강을 내려다볼 때와, 물살에 휩쓸린 채 강물 속에 있을 때가 상당히 다르다는 것을 금세 느끼게 될 것이다.

수행을 계속 하다 보면 당신의 강물 안에 무엇이 담겨 있는지 점차 보일 것이다. 특정한 생각을 이리저리 몰고다니는 희한한 소용돌이를 발견하게 된다. 있는 줄도 몰랐던 작은 파도도 보게 될 것이다. 강이 잔잔히 흘러 강둑에 편안히 오를 때도 있을 것이다. 시간이 흐를수록 강물을 내려다보며 조금 우습다는 생각도 들 것이다. 그러니 '생각을 멈출 수 없어'라는 생각이 떠오를 때면 강둑으로 올라와 이 생각이 물살을 따라 그저 흘러가도록 내버려두면 된다.

명상을 시작하기 가장 좋은 때

현재에 더욱 유념하는 삶을 사는 능력을 진정으로 연마하고자 한다면 규칙적으로 명상을 해야 한다. 일단 앞서 설명한 호흡 의식 명상을 해보길 바란다. 휴대폰이나 다른 기기로 타이머를 설정하고, 딱 10분간 호흡에 집중하는 연습을 한다. 이내 명상이 몇 번이고 흐트러진 의식을 다시 한 곳으로 불러들이는 연습임을 깨닫게 될 것이다. 간단한 일 같지만 결코 쉽지 않고, 그렇기에 연습이 필요하다. 바로 지금이 연습을 시작하기 가장 좋은 때인지도 모른다.

2
단
계

———

명상을
시작하다

마음챙김은 다락에 불을 켜는 것과 같다.
불을 켜야 보물도 보이고,
이미 치운 줄 알았던 잡동사니도 보이고,
청소해야 할 먼지 쌓인 구석도 보인다.
다락이 얼마나 오랫동안 어둠에 잠식되어 있었든,
그곳에 얼마나 많은 물건이 쌓여 있든,
언제든 불을 밝혀 둘러볼 수 있다.

- 샤런 샐즈버그

심신의 안정과 집중력을 위한
마음챙김

이 책을 읽어나가며 수행하면 좋을 마음챙김 기술을 몇 가지 소개하고자 한다. 여기까지 왔다면 당신이 마음챙김에 관심을 갖게 된 이유가 분명 있을 것이다. 내가 무척 훌륭한 작가라 내 글에서 눈을 떼지 못하는 것일 수도 있지만, 사실 그렇지는 않을 것이다. 당신도 마음챙김을 배우고자 코루를 방문하는 대다수의 사람들과 비슷하다면, 살면서 스트레스에 지친 것이 일부 동기가 되었을 것이다.

　내 경험에 비춰보면, 스트레스로 인한 문제는 다양한 형태로 발현된다. 몇 가지 예를 들면 이렇다. 아미르는 늘 긴장 상태에 있었고 수면 장애를 겪었다. 생각을 멈출 수가 없고 밤에 잠을 잘 자지 못해 항상 피곤하고 온몸이 쑤실 때가 많았다. 얀은 걱정이 끊이질 않아 괴로워했다. 좋지 않은 상황을 모두 상상하고 이를 어떻게 예방할지 또는 해결할지 계획을 세우느라 머릿속이 바빴다. 댄은 바삐 달리지만 어느 곳에도 이르지 못하는 쳇바퀴 위를 도는 것처럼 단절감과 지루함을 경험할 때가 많았다. 그는 술을 마시거나 약물에 취했을 때만 재미를 느꼈다고 했다. 킨드라는 스트레스를 받을 때면 짜증이 나서 친구들에게 욱하고 쏘아붙였다.

잠시 멈춤 ◇ 당신의 경우 보통 스트레스가 어떤 식으로 나타나는가? 위의 사례와 비슷한가, 아니면 당신의 스트레스 반응은 다르게 발현되는가? 스트레스 지수가 너무 높게 치솟을 때 신체가 어떤 신호를 보내는지 주의 깊게 살펴보길 바란다. 자신만의 위험 신호를 잘 알아야 스트레스에 짓눌리기 전에 의도적으로 스트레스를 낮추는 노력을 기울일 수 있다.

호흡과 신체 감각 알아차림

일반적으로 스트레스, 감당하기 힘든 감정, 불만스러운 감정 때문에 마음챙김을 시작하는 사람들이 많다. 따라서 이런 부정적인 감정을 직접적으로 해소하는 기술부터 다루는 것이 가장 좋으리라 판단했다. 이번 장에서 소개할 기술은 마음을 진정시키고 의식을 집중하는 데 유용하다.

앞으로 배울 세 가지 알아차림 훈련은 마음챙김 근육을 단련하고 스트레스로 인한 감정을 관리하는 데 도움이 된다. 이제부터 며칠 동안 각 수행을 몇 번씩 해본 뒤 어떤 생각이 드는지 살펴본다. 이 책에 나온 기술과 명상을 전부 시도해본 뒤 책을 다 읽을 즈음 본인에게 특히 도움이 되었던 몇 가지 방법을 선택해 정기적으로 수행하길 바란다.

복식 호흡: 몸과 마음을 진정시킨다

횡격막은 폐 및 흉곽 아래 있으며 복부와 경계가 되는 근육이다. 이 부위를 수축시키면 횡격막이 아래로 내려가며 복부를 밀어내고 공기와 산소가 폐로 들어온다. 복부를 최대한 내밀 때 횡격막을 이용한 호흡이 가능해진다. 횡격막을 수축시키는 호흡법은 횡격막 호흡 또는 복식 호흡으로 불린다.

흉벽의 근육이 아니라 횡격막을 이용해 폐를 확장시켜 몸 안으로 공기를 들여오면 자연스럽게 몸의 진정 반응을 이끌어낼 수 있다. 복식 호흡을 통해 심박과 혈압을 떨어뜨려 신체를 진정시키는 기능을 하는 부교감신경계PNS를 활성화시키는 것이다. 비상 경계 시스템을 작동시켜 심장을 빨리 뛰게 하고 스트레스 화학물질을 분비하는 교감신경계SNS의 흥분 자극을 잠재우는 것이 부교감신경계이다. 스트레스를 받거나 흥분될 때, 또는 마음을 진정시키는 것이 어려워 잠들기가 힘들 때 복식 호흡이 도움이 된다.

대부분의 사람들이 흉식 호흡을 한다. 흉벽의 근육을 움직여 갈비뼈를 들어 올리고 폐를 부풀려 호흡한다. 흉식 호흡을 하는 사람에게는 복식 호흡이 처음에는 조금 어렵겠지만 연습을 하면 익숙해질 것이다.

복식 호흡법을 배우기 위해서 우선 배로 호흡하는 법을

이해해야 한다. 당연한 말 아닌가? 가장 쉬운 방법은 누워서 호흡하는 것이지만, 일단 원리를 이해하고 나면 앉아서 또는 서서도 가능하다. 우선은 아래 설명을 다 읽어 전체적인 방향을 이해한 뒤 수행하기 적합한 공간을 찾는 것이 좋다. 읽는 것보다 듣는 것이 편하다면 웹사이트(http://www.korumindfulness.org/guided-meditations)에 방문해 '코루 복식 호흡Koru Belly Breathing'을 청취한다.

복식 호흡 방법

○ 바닥이나 침대에 반듯이 눕는다. 한 손은 배에 다른 손은 가슴에 올려두고 평소처럼 호흡한다. 손에 집중한 채 숨을 들이마실 때 어느 곳에 올려둔 손이 더욱 많이 움직이는지 감지한다. 숨을 마실 때 배에 올려둔 손이 올라가는가, 가슴에 올려둔 손이 올라가는가? 가슴에 올려둔 손이 움직이면 평소에 흉식 호흡을 하는 사람일 확률이 높다. 크게 문제될 것은 없지만 흉식 호흡을 하는 사람이라면 새로운 호흡법을 익히는 과정에서 조금 더 인내심을 발휘해야 한다.

○ 자신이 어떻게 호흡하는지 깨달았다면 이번엔 들숨 때 배에 올려둔 손

이 더 올라가도록 호흡법을 바꾸도록 노력한다. 호흡을 내쉴 때는 숨을 뱉으며 배에 있는 손이 아래로 내려가야 한다. 배로 호흡하는 것이 익숙해지면 배에 있는 손이 호흡에 맞춰 오르락내리락하는 반면 가슴에 있는 손은 상대적으로 움직임이 덜해짐을 느끼게 될 것이다.

○ 배를 내밀며 숨을 들이마시는 방법을 깨우쳤다면 이제는 본격적으로 수행을 할 차례다. 그대로 누운 자세로 두 손 모두 배 위에 올린 채 괜찮다면 두 눈을 감는다. 배에 올려놓은 손에 주의를 집중한 채 호흡할 때마다 손이 움직이는 것을 느낀다. 숨을 들이마실 때 자신의 배를 공기를 주입해 부풀어오르는 풍선이라고 상상하면 도움이 된다.

○ 몇 번 호흡을 하고 나면 마음이 산만해지겠지만 지극히 당연한 일이다. 마음이 흐트러지는 것을 알아차리면 아무 판단이나 비판을 하지 않고 의식을 다시 배 위에 올려둔 두 손의 감각에 집중한다. 숨을 들이마실 때마다 천장을 향해 배를 크게 부풀리고 내쉴 때마다 배가 내려가는 연습을 계속한다.

○ 이 호흡이 익숙해지기 시작했다면 들숨 때 숫자를 천천히 셋까지 세며 더욱 깊게 호흡할 수 있는지 시험해본다. 몇 분 후에는 숫자를 넷 또는 다

섯까지 늘려 더욱 깊이 심호흡을 해본다. 10분 동안 이 훈련을 계속한다.

잠자리에서 복식 호흡을 연습하면 10분이 채 끝나기 전에 잠에 빠질지도 모른다. 잠이 들까 초조해할 필요는 없다. 몸을 진정시키고 마음을 고요하게 만들어 편안하게 잠 속으로 빠지는 새로운 기술을 하나 배웠다고 받아들이면 된다. 하루를 마무리하기에 정말 좋은 방법이다.

복식 호흡이 편안해진 후에는 언제 어디서나 복식 호흡을 시행할 수 있다. 시험이 시작되길 기다리며 앉아 있는 동안에 초조함을 잠재우기 위해 복식 호흡을 하는 학생들이 많다. 학교나 회사를 마치고 집으로 돌아오는 버스에서 이 이완 호흡을 하면 바쁜 하루 동안 쌓인 스트레스를 풀기 좋다. 중요한 면접 전에 복식 호흡을 해서 마음을 진정시키고 정신을 집중한 덕분에 자신의 역량을 최대로 발휘할 수 있었다고 내게 고백한 이들이 많다.

수행 팁 ◇ 배로 어떻게 호흡해야 하는지 감을 잡기가 어려운가? 바닥에 누운 뒤 티슈 박스를 배 위에 올리면 도움이 된다. 숨을 마시며 티슈 박스

를 천장 쪽으로 밀어올리는 데 신경을 집중한다. 천천히 호흡을 들이마시며 박스를 가능한 높이 밀어올린다. 날숨과 함께 박스가 아래로 내려오는 것을 지켜본다.

역동적 호흡: 마음을 비우고 에너지를 불어넣는다

과제를 마저 마무리하기 위해 정신을 바짝 차려야 할 때가 있는가? 말라 죽을 것처럼 너무도 긴장되고 불안한 나머지 가만히 앉아 호흡을 관찰하는 것이 도저히 불가능한가? 피곤해진 몸의 에너지를 회복하고 싶을 때, 또는 상당한 불안함에서 벗어나 에너지를 다시 집중시키고 싶을 때 역동적 호흡이라는 기술이 해결책이 된다.

보기에 우스꽝스러운 호흡법이라, 퍼덕거리는 닭처럼 보일 마음의 준비를 해야 효과를 볼 수 있다. 체면상 할 수 없다고 생각지 않길 바란다. 나도 처음에는 그랬지만, 코루 프로그램의 공동 개발자인 마거릿 메이탄이 얼마나 유용한 호흡법인지 강력하게 주장하지 않았더라면 내게 가장 큰 도움을 준 기술을 영영 모른 채 살았을 것이다.

역동적 호흡은 선 채로 코를 통해 빠르고 깊고 에너지 넘치게 호흡하는 방법이다. 과호흡을 방지하기 위해 역동적 호흡 때는 입을 절대로 열어서는 안 된다.

글로 읽어서는 이해하기가 어렵지만, 최대한 잘 전달되도록 아래 설명글을 적었다. 제대로 배우려면 코루 어플이나 웹사이트(http://www.korumindfulness.org/guided-meditations)에서 역동적 호흡에 대한 영상을 보는 것이 가장 좋다.

역동적 호흡 방법

○ 서 있는 자세에서 코로 깊고 빠르게 숨을 마시고 내쉬는 연습을 한다. 날숨을 빠르고 강하게 뱉는 데 집중하면 감을 잡기가 수월할 것이다. 호흡에 익숙해진 후에는 팔 동작을 더할 차례다. 팔을 양옆으로 내려놓은 상태에서 팔꿈치를 접은 뒤 풀무(불을 피울 때 바람을 일으키는 도구―옮긴이)질을 하는 것처럼, 또는 닭이 날개를 퍼덕이듯이 팔을 위 아래로 흔들어 공기가 폐 안으로 들어가고 나오는 순환을 돕는다. 날숨에 팔을 흉곽 쪽으로 붙이고 들숨에 팔이 올라간다. 양팔이 축 늘어져 펄럭거리는 것이 아니라 강하게 펌핑하듯 움직이지만 그럼에도 불안해서 날뛰는 닭처럼 보이기 때문에 이 호흡법은 보통 치킨 호흡Chicken Breath이라고 불린다.

○ 좀 더 에너지를 북돋우고 싶다면 호흡에 맞춰 무릎을 굽혀 다리에도 움직임을 더한다. 날숨에 무릎을 굽히고 들숨에 무릎을 편다.

○ 동시에 행하기 복잡할 수 있으니 시간을 들여 동작이 몸에 익을 때까지 천천히 연습한다. 동작이 익숙해지면 조금씩 속도를 높여 움직임을 빠르고 경쾌하게 한다. 들숨, 날숨과 동시에 두 팔과 다리를 번갈아 굽혔다 펴길 반복하면 몸에 열기가 오르고 심박이 오를 것이다. 약간 어지러운 느낌이 들면 속도를 늦추고 입으로 호흡하지 않도록 주의한다. 머리가 아찔해질 정도로 어지럽다면 동작을 멈춘다. 이 호흡법은 몇 분만 수행하는 것이 좋다. 쿵쿵거리는 신나는 음악을 틀면 몰입하기가 수월하다.

○ 동작을 멈춘 후에는 몇 초간 몸의 감각에 집중한다. 어떤 느낌이 드는가? 에너지가 어떻게 달라졌는가?

역동적 호흡에 동반되는 팔다리의 움직임에 의식을 집중해야 하기 때문에 다른 것을 걱정할 틈이 없으므로 효과가 좋은 수련법이다. 의식을 현재에 집중시켜줄 아주 강력한 닻이 필요할 때 역동적 호흡이 유용한 기술이 될 수 있다.

학생들은 밤에 10페이지 분량의 과제를 마무리해야 하는 데 7페이지나 남았을 때 역동적 호흡법을 활용한다고 말한다. 역동적 호흡은 의식을 깨우는 동시에 마음을 진정시키는 효과가 있어 카페인보다 낫다. 해야 할 작업을 마친 뒤에도 카페인 때문에 잠을 못자는 경우가 있지만 이 호흡법은 수면을 방해하지 않는다.

이제 두 가지 호흡법을 배웠다. 몸을 진정시키고 이완하며 마음을 고요하게 가라앉히는 복식 호흡과, 극심한 불안을 느끼는 상황에서 에너지를 북돋아주고 마음을 깨끗하게 비워주는 역동적 호흡이다.

바디 스캔: 의식을 현재에 집중한다

판단하는 마음을 버리고 의식을 현재에 집중하는 기술을 이제 막 배우기 시작하는 사람에게 바디 스캔은 훌륭한 마음챙김 수행법이다. 신체 감각을 '닻'으로 삼아 현재 순간의 경험에 의식을 집중하는 명상이다.

당신도 대부분의 사람들과 같다면 한 번씩 마음이 닻으로부터, 즉 명상의 대상object of meditation에서 벗어나 방황하는 경험을 자주하게 될 것이다. 마음이 산란해짐을 느끼면 자신이나 명상을 행하는 자신의 능력에 판단을 삼간 채 조심스럽게 주의를 다시 신체 감각으로 되돌린다.

생각을 하는 것은 마음의 속성이고, 마음에서 생각이 떠오르지 못하게 하는 것이 아님을 명심해야 한다. 당신은 그저 마음이 떠도는 순간을 알아차리고 몇 번이고 조심스럽게 다시 주의를 되돌려 마음이 현재에 머물도록 만드는 훈련을 하는 중이다.

유도 명상을 선호한다면 웹사이트(http://www.korumindfulness.org/guided-meditations)에서 무료로 제공되는 바디 스캔 유도 명상을 활용하면 된다.

바디 스캔 방법

○ 의자에 앉거나 바닥에 누워 편안한 명상 자세를 취한다. 바닥에 누워서 바디 스캔을 할 경우 잠에 빠지기가 쉬우니 주의한다. 잠들고 싶지 않다면 의자에 반듯하게 허리를 펴고 앉아 두 다리는 땅에 자연스럽게 닿도록 둔다. 두 손은 무릎 위에 편안히 올려두고 눈을 감는다. 척추는 꼿꼿하게 유지하되 등 근육에는 힘을 뺀다.

○ 바닥에 닿은 두 발의 감각을 인지하며 의식을 발바닥에 집중하는 것부터 시작한다. 바닥과 닿은 발에서 압력이 느껴질 수도 있고, 피부에 닿는 양말의 감촉이 전해질 수도 있다. 저릿한 느낌 등 어떤 감각을 알아차릴 수도 있고, 아무런 감각도 느끼지 못할 수도 있다. 어떤 감각을 느끼는지는 그리 중요하지 않다. 변화시키려는 것이 아니라 그저 현재에 벌어지는 일을 그대로 인식하는 것이 중요하다.

○ 발의 감각을 주시하는 동안 호흡이 몸 안으로 들어오고 나가는 것을 인식한다. 호흡이 발바닥을 통해 들고 난다고 상상해도 좋다.

○ 숨을 들이마실 때마다 의식을 좀 더 날카롭게 벼르고, 숨을 내쉴 때마다 발에서 불안과 긴장을 덜어낸다. 들숨에 주의를 집중하고 날숨에 긴장을 푼다.

○ 1분 정도 지난 후 초점을 다리 아래쪽인 발목과 무릎 사이로 옮긴다. 호기심 어린 태도로 정강이나 종아리 근육에 어떠한 감각이 느껴지는지 관찰한다. 피부에 닿은 바지나 양말이 느껴지는가? 다리에서 맥박이 뛰거나 찌릿한 감각이 전해지는가? 다리에 있는 근육이 느껴지는가? 호흡이 종아리로 들어오고 나가는 것을 상상하며, 숨을 마실 때마다 자신의 주의

를 다리의 감각에 더욱 예리하게 집중시키고 내쉴 때마다 불안과 긴장을 푼다.

○ 마음이 산란해지면 자신을 비난하지 않고 의식이 다른 곳으로 옮겨갔다는 사실만 인지한다. 마음에서 이 생각, 저 생각 떠오름에 따라 의식이 이동하는 것을 인식한다는 것은 마음의 본질을 가장 정확하고도 명확하게 바라본다는 의미다. 이때는 주의를 다시 종아리 감각으로 가져온다.

○ 1분 정도 지난 후 대퇴부로 초점을 옮긴다. 그곳의 감각을 인식하고, 도움이 된다면 호흡이 허벅지 근육으로 들어오고 나가는 상상을 하며 날숨에 불안과 긴장을 풀고 들숨에 주의를 집중한다.

○ 이렇게 천천히 초점을 옮기며 각 신체 부위마다 몇 분씩 의식을 집중한다. 대퇴부를 지난 후에는 무릎에 올려둔 손, 팔, 등, 어깨, 목, 턱, 눈 주위의 근육, 이마 순으로 이동한다. 명상을 하는 시간의 양에 따라 의식을 집중하는 신체 부위를 적게 또는 많이 포함시킨다. 부위마다 한 번에 단 몇 분씩만 머물며 들숨과 날숨을 반복하고 감각을 인지한다.

○ 바디 스캔을 마치기 전 잠시 동안 머리끝부터 발끝까지 몸 전체에 걸

쳐 주의를 집중해 천천히 관찰한다. 불안이나 긴장이 감지되는 부위가 있다면 잠시 의식을 그곳에 집중한 채 그 부위를 통해 숨을 들이마시고 내쉬며 감각을 주시한다. 마음이 산란해지면 그저 관찰한다. 자리를 이탈했다고 매질을 하는 엄격한 교도관이 아니라 생각의 흐름을 연구하는 과학자처럼 호기심 어린 태도로 주시하는 것이다.

○ 마지막으로 주의를 호흡에 집중시켜 두어 번 느리게 심호흡을 하며 감각을 주시한 뒤 눈을 뜬다. 몇 분 동안 몸이 가는 대로 스트레칭을 하고 자리에서 일어난다.

———

매일 10분씩 수행하라

———

지금까지 복식 호흡, 역동적 호흡, 바디 스캔, 호흡 알아차림 명상까지 네 가지 기술을 배웠다. 이 중 한 가지 이상을 골라 매일 10분 동안 수행한다. 역동적 호흡의 경우 몇 분만 수행한 뒤 다른 기술 중 하나를 더해 마무리한다.

이 책은 마음챙김의 이점을 직접 실천해볼 수 있도록 안내하는 책이다. 머리말에서 언급했듯, 수행과 더불어 다음에 나오는 몇 가지를 병행하면 당신의 실험이 더욱 완벽해질 것이다. 노트나 코루 어플에 어떤 기술이나 명상을 얼마나 수행했는지 기록하는 것이 좋다. 또한 세수나 강의실까지 걷기 등 일상적으로 하는 일 하나를 골라 마음챙김으로 행한다. 감사한 일 두 가지씩 기록하는 것도 빼놓을 수 없다. 마음챙김 실험을 최대한 알차게 진행하려면 19쪽의 목록을 다시 참고하길 바란다.

다음 장에서는 판단하는 마음을 버리고 현재 순간에 집중하는 법을 배운다. 마음챙김 근육이 단련될수록 비판단적 태도와 몰입을 더욱 깊고 의미 있게 느낄 수 있다. 그러니 지금 바로, 앞서 소개된 기술 중 한 가지를 선택해 수련하길 바란다.

판단하는 마음을 버리고
현재 순간에 집중하는 법

앞서 마음챙김을 두 가지 명제를 바탕으로 한 개념으로 설명했다. 첫째는 자신의 의식을 가능한 현재의 순간에 집중하는 것이다. 두 번째는 판단하지 않는 태도를 기르는 것이다. 마음챙김이 제공하는 이점을 최대한 누리기 위해서는 비판과 판단을 버리고 평온한 호기심으로 그 순간의 관찰 대상을 바라보는 태도를 지녀야 한다. 이번 장에서는 판단을 만들어내는 우리 마음의 특성에 어떻게 대처해야 하는지 자세히 살펴볼 예정이다.

인간은 판단한다

대부분의 인간은 경험을 자동적이고 즉각적으로 좋음, 나쁨, 보통으로 분류하는 사고 습관이 있다. 스스로 의식할 새도 없이 자신이 마주하는 거의 모든 사물·사람·경험을 습관적으로 평가하고 가치를 매긴다. 이러한 반사적인 평가와 추측은 우리에게 전혀 도움이 되지 않는 편견과 고정관념, 스스로 설정한 한계에 의거한다. 마음챙김 수행으로 자신이 어떤 평가를 내리는지 깨닫고 나면 더는 이런 평가에 좌지우지되지 않을 수 있다. 즉, 판단하지 않는 태도를 기르는 것이다.

판단은 우리를 제한하기 때문에 문제가 된다. 우리는 보통 판단을 내리고 있다는 것을 인지하지 못한다. 그 덕분에 판단은 아무도 모르게 배후에서 쉬지 않고 계속 돌아가는 프로그램처럼 작동하며 허락 없이 우리를 조종한다. 영화 〈매트릭스〉처럼 우리가 경험하는 실체를 바로 보지 못하게 가로막는 거대한 선입견의 세상에 살고 있는 것과 비슷하다.

조금도 의심하지 않고 내리는 모든 판단과 추측은 자신 주변에 세우는 철장과도 같다. 아무런 의심 없이 '나는 이런 거 잘 못해' 또는 '나는 할 수 없어'라고 생각해버리면 시도도 할 수 없고 성장도 이룰 수 없다. 의심 없이 '저 남자는 완전히 패배자야' 또는 '저 여자는 내 취향이 아니야'라고 한다면 대인관계를 제한하는 것밖에 되지 않는다. '날 사랑해줄 사람은 저 여자뿐이야' 또는 '날 행복하게 해줄 이는 저 남자뿐이야'라고 생각하면 놓아주어야 할 인연에 매여 있는 셈이다. 이 모든 판단이 자기 자신에게, 그리고 타인에게 한계를 두는 것이다. 이 진실을 깨닫는 순간 자신이 묶인 올가미에서 벗어날 수 있다. 명상을 하며 이런 판단을 깨닫고, 놓아주는 법을 배우고 나면 일상생활 속에서도 당신을 제한하는 판단의 실체를 볼 수 있다.

———

파도가 친다고 바다를 탓하지는 않는다

———

질투심이나 분노 등 불쾌한 감정을 품은 자신을 비판할 때가 있다. 이런 식의 판단은 이미 씁쓸한 감정이 들끓고 있는 마음에 죄책감이라는 또 하나의 개운치 않은 감정을 더해 헤집을 뿐이다.

우리 마음의 감정이란 바다의 물결과도 같다. 물결이 이는 것이 물의 속성이다. 날씨에 따라 물결이 거세고 거칠 때도 있고 그저 잔잔히 일렁일 때도 있지만, 물결이 항상 존재한다는 것은 변하지 않는다. 물결이 인다고 바다를 탓하지는 않을 것이다. 그러니 마음에도 파동이 인다고 비난할 필요가 없다.

———

판단을 알아차린다

———

판단하지 않는 태도를 기르는 첫걸음은 판단이 떠오르는 순간 바로 알아차리는 법부터 배우는 것이다. 우선 명상 수행 중에 찾아오는 판단을 자각하는 연습부터 시작한다. 이를테면, 명상을 처음 시작할 때 '이거 괜찮은데? 나 소질 있는 것 같아' 또는 '명상 완전 별로야, 시간 낭비일 뿐이라고'

같은 생각이 들 것이다. 이런 생각도 판단이라는 넓은 범주의 사고에 속한다.

어떤 대상이나 사람을 향해 '좋다', '좋지 않다' 또는 '옳다', '옳지 않다'라는 식으로 생각하는 것이 모두 판단이다. 이보다 알아차리기 어려운 판단 유형은 사실의 탈을 쓴 개인의 의견이다.

'저 남자는 패배자야. 그녀는 정말 섹시해. 난 항상 이래. 그걸 믿는 사람은 전부 멍청이야……'

우리는 이런 생각을 사실이라 믿고, 추측, 편견, 사고 습관에 따른 부산물이라는 것을 깨닫지 못하기 때문에 알아채기가 더욱 까다롭다. 예컨대 "내 전 남자친구는 쓰레기야. 이것 만큼은 분명한 사실이야."라고 말하는 마리아의 발언에서도 의견과 사실의 차이를 구분하지 못하는 것이 드러난다. 실제로는 자신이 강하게 믿고 있는 의견이라 그녀에게 사실처럼 느껴지는 것뿐이다.

물론, 모든 생각이 전부 판단인 것은 아니다. 미래를 계획하거나 과거를 회상할 때도 있다. 그러나 대다수의 사람들이 명상할 때, 그리고 평상시에도 항상 평가하는 생각에 파묻혀 있을 때가 많다.

판단을 흘려보낸다

판단하지 않는 태도를 기르기 위해서는 우선 머릿속에 다양한 형태로 위장한 판단을 알아차리는 것부터 시작해야 한다. 그러고 난 뒤 까다로운 관문을 넘어야 한다. 판단에 사로잡히지 않고 흘려보내는 것이다. 생각을 놓아주려면 호흡의 느낌과 같이 신체적 감각에 의식을 집중시켜 주의를 현재 순간으로 되돌려야 한다. 억지로 생각을 멈추거나 지금 드는 생각이 좋은지 나쁜지 결정하지 않는다(어떤 생각이 좋고 나쁜지 결정하는 것은 더 심각한 판단적 태도다). 그저 의식을 현재로 돌려 생각이 흘러가도록 둔다. 이 방법은 명상할 때 도움이 될 뿐 아니라, 연습을 계속하면 명상을 하지 않을 때도 효과를 발휘한다.

앞에서 우리의 마음을 빠르게 흘러가는 생각의 강물이라고 비유했던 것을 기억하는가? 의식을 호흡으로 다시 집중할 때 강둑에 오를 수 있고, 그리하면 생각은 강물을 따라 흘러갈 것이다.

명상을 하는 동안 '이건 시간 낭비야'라는 생각에 사로잡히지 않으려면, 이 생각은 당신 안에 쉼 없이 맺혔다 사라지는 일시적인 상像일 뿐 명상의 가치를 정확하게 평가한 것이 아니라는 사실을 깨달아야 한다. 따라서 '이건 시간 낭비야'라는 생각이 들었기 때문에 명상을 시작하고 60초 후에 그만두는 것이 아니라, 의식을 호흡으로 다시 집중시키며 다음에 수면 위로 어떤 생각이 드러날지 호기심을 갖고 지켜봐야 한다.

중요한 사안에 관한 것이라면 판단을 그저 흘려보내기가 더욱 어려워진다. 누가 옳고 그른지에 대한 평가나 '동반자가 이런 말이나 행동은 해선 안 된다'는 식의 생각에 사로잡히면 그 순간 강물에 빨려 들어가 스스로 추스를 새도 없이 휩쓸려 떠내려갈지도 모른다. 다행히, 얼마나 멀리 떠내려갔는지는 중요하지 않다. 언제든 다시 강둑으로 올라올 수 있다.

절대로 의견을 가져서는 안 된다는 것이 아니다. 우리는 그때그때 필요한 판단을 내린다. 커피가 너무 뜨거워 식기를 기다렸다 마시기로 결정하고, 가격이 너무 비싸 새 컴퓨터를 사지 않기로 결정하는 것도 판단이다. 그러나 자신도 자각하지 못하는 확고한 기준을 바탕으로 인생에 중대한 결정을 내린다면 무의식에 자리한 편견에 휘둘릴 위험이 크다.

———

판단하지 않고 관찰한다

———

어떤 판단이 유용하고, 또 어떤 판단이 허튼소리인지 어떻게 구별할 수 있을까? 나는 이 차이를 관찰과 판단으로 본다. 관찰은 사실을 드러내지만 판단은 사실을 감춘다. 판단하지 않는 관찰은 마땅히 배워야 할 훌륭한 기술로 마음챙김 명상을 통해 연마할 수 있다. 그러나 우리는 섣불리 판단을 내리는 데 너무도 익숙해진 나머지 판단과 관찰의 차이를 처음에는 잘 분별해내지 못한다.

관찰은 대상의 내재적 가치를 추측하지 않는다. 다만 상태의 성질을 발견하는 것에 가깝다. 이를테면, 당신은 커피를 관찰하며 '차갑다'라고 인식하기보다는 '커피가 별로다'라고 판단할 때가 많을 것이다. 당신이 차갑게 식은 커피를 마셔야 한다는 뜻이 아니라, '커피가 별로다'라고 성급히 결정을 내리기 전에 커피의 상태를 관찰해야 한다는 뜻이다.

다른 예를 보자. '난 뚱뚱해'라는 것은 판단이지만 '내 BMI(체질량 지수)는 26이야'는 관찰이다. '난 게을러'는 판단이지만 '기운이 없네'는 관찰이다. '이 수업 최악이야'는 판단이지만 '수업을 따라가기가 힘들다'는 관찰이다. 차이점을 이제 알겠는가?

모든 관찰은 반드시 탐험과 성장을 이끈다는 점을 명심해야 한다. 당신의 BMI 수치는 적절한가? 건강하고 컨디션이 좋다고 느끼는가? 그렇지 않다면 자신의 건강을 향상시킬 합리적인 방법이 있는가?

충분한 수면이나 운동을 하지 못했을 때, 과음했을 때 기운이 없다고 느끼는가? 만약 그렇다면 앞으로 수면, 운동, 음주 습관을 바꾸겠는가?

수업에 필요한 공부와 과제를 앞으로 어떻게 해야 겠다는 계획이 있는가? 어떤 도움을 받아야 할 상황인가? 달리 시도해볼 선택지가 있는가?

관찰은 생각이라는 강물 안에 무엇이 들어있는지 보여주고 통찰력 있는 행동을 이끌어낸다. 판단은 당신을 옭아맬

뿐이다.

다름은 나쁨이 아니다

대다수의 사람들이 판단에서 가장 흔히 빠지는 위험은 '다름'을 '나쁨' 또는 '잘못됨'으로 착각하는 것이다. 다른 것은 나쁜 것이 아니다. 그저 다른 것일 뿐이다. 다름을 자동반사적으로 부정적인 것으로 인지하는 것은 우리의 의식적, 무의식적 편견에 기인한다. 사물이나 사람을 관찰하며 자연스럽게 따라오는 부정적인 판단 없이 다름을 그저 인식하기 위해선 연습이 필요하다.

　그러나 사실 우리 모두 저마다 다르다. 좋아하는 것도, 모습도, 선호도, 신념도 각기 다르다. 타인이 당신과 다른 언어를 쓴다고 해서, 다른 종교를 믿고, 다른 목표를 좇는다고 해서 상대나 당신 어느 쪽도 비난받을 일이 아니다. '다름'을 '나쁨'이라고 자동적으로 연결하는 성향은 공동체 속에 사는 인간이 해결해야 할 가장 중대한 문제 중 하나다. 마음챙김은 바로 이런 반사적인 판단을 인식하는 데 도움을 주어 섣불리 어떤 말이나 행동으로 옮기기 전에 한 번 더 숙고할 수 있게 해준다. 약간의 마음챙김으로 좀 더 관대하고 평화로운 사회를 만들어갈 수 있다.

잠시 멈춤 ◇ 수행은 판단에 기인한 생각이 무엇인지 깨닫게 해준다. 두 눈을 감고 호흡을 몇 번 해본다. 마음에 떠오르는 생각을 재빨리 감지한다. 생각을 물 위에 떠다니는 나뭇잎이나 컨베이어 벨트 위 상자라고 생각해도 좋다. 떠오른 생각에 좋고 싫음, 또는 변해야 하거나 그대로 유지되어야 한다는 식의 판단이 담겨 있는지 살핀다. 그런 뒤 생각을 흘려보내고 다음에 찾아오는 생각을 살핀다. 열 가지 생각을 이런 식으로 관찰한 뒤 수행을 멈춘다.

끈기 있게 관찰하고 놓아준다

믿기 어렵겠지만, 판단을 관찰하고 놓아주는 법을 훈련을 하다보면 자연스럽게 판단의 올가미에서 벗어나게 된다. 처음 명상을 했을 때 머릿속에 냉소적이고 비판적인 생각이 얼마나 많이 떠오르던지, 놀랐다. 내 스승이자 듀크 대학의 마음챙김 구루 중 한 명인 제프 브랜틀리Jeff Brantley에게 부정적인 사고방식을 어떻게 해야 멈출 수 있는지 묻기도 했다. 솔직히 고백하면, 제프가 '마음챙김의 힘을 믿고 비판적인 생각을 끈기 있게 관찰한 뒤 놓아주라'는 조언을 했을 때 '정말 가능할까' 의심했다. 생각이 계속해서 떠오르지 못하게 해야지, 떠오르는 생각을 놓아주는 데 능숙해져야 한다는 말이 선뜻 이해가 가지 않았다. 내 안에서 판단하는 마음이 없어져야 수행을 제대로 하는 거라고 생각했다. 그래서 내가 어떻게 했느냐고?

확신은 없었지만 계속 수행을 이어갔다. 놀랍게도, 부정적인 생각을 비판하는 태도('이런 판단적인 생각을 하고 있다니

난 나쁜 사람이야')를 멈추고 그저 부정성을 인식하자 생각의 물살이 약해지는 것 같았다. 강 상류에 있는 어떤 이가 강의 수원지에서 물을 정화해서 내보내는 것처럼, 냉정한 비판적 생각이 서서히 내 강물에서 자취를 감추었다. 명상 수행을 계속할수록 저절로 가능해졌다.

바로 앞에 나온 '저절로'라는 표현은 내가 마음챙김 수행에 들인 노력을 포함시키지 않은 것이다. 따라서 이제부터 당신은 마음에 어떠한 판단이 찾아오는지 주시하며 수행에 노력을 기울여야 한다. 지금 10분 동안 앞에서 배운 마음챙김 수행 네 가지(호흡 알아차림, 복식 호흡, 역동적 호흡, 바디 스캔) 중 하나를 바로 수련해보길 바란다.

다음 장에서는 현재에 몰입할 때 어떤 일이 벌어지는지 알아보자.

현재의 순간에
머문다는 것

다린은 대학에서 운동선수로 활약했지만 무릎을 다친 후 벤치 신세가 되었다. 그는 무릎 통증뿐 아니라 경기에 참여할 수 없다는 마음의 고통을 다스리기 위해 마음챙김을 배우러 코루에 왔다. 수업을 받던 어느 날, 다린은 현재의 순간에 몰입하는 법을 배운 것이 부상을 견디는 데 큰 도움이 되었다고 고백했다.

재활의 일부로 그는 무릎에 고통스러운 주사를 맞아야 했다. 다린은 이렇게 말했다.

"치료받는 것 때문에 일주일 내내 걱정을 하곤 했어요.

그러나 얼마 전부터 현재 순간에만 머문다면 한결 편안해 질 수 있다는 것을 깨달았습니다. 실제로 고통이 닥칠 때 마주하면 될 뿐, 지금 당장 그럴 필요는 없으니까요."

그가 느끼는 고통은 현재의 순간에 존재하지 않았다. 그는 지금 자신이 있는 바로 그곳, 그 순간에 머무르기로 결심한 것이다.

내 마음 한가운데 고요한 곳으로

현재에 완벽히 머무르는 법을 배우는 것이 마음챙김 기술을 함양하고 마음챙김이 지닌 진정한 힘을 경험하는 비결이다. 허리케인의 눈 안에서는 청명한 하늘과 잔잔한 수면을 유지하는 것처럼 현재의 순간은 거칠게 요동치는 삶 속에서 안전한 안식처가 된다. 온갖 문제와 걱정이 당신을 휘젓겠지만 현재에 깊이 뿌리내린다면 스트레스에 매몰될 위험이 적어진다.

몸의 감각을 인지할 때 폭풍에서 벗어나 고요한 중심으

로 향하는 길을 찾을 수 있다. 그 입구는 사실 쉽게 찾을 수 있는 곳에 숨어 있다. 손을 뻗어 느껴야 잡을 수 있는 문처럼 감각적 경험에 연결되어야 비로소 그 입구를 발견할 수 있다. 촉각, 청각, 호흡 느끼기 등의 신체 감각이 현재의 순간으로 향하는 문을 열어준다.

내가 경험한 바에 의하면, 명상을 하는 동안 고요함에 이르느냐는 전적으로 내가 호흡에 얼마나 집중하는가에 달려 있다. 마음이 쉼 없이 동요하면 평온의 근처만 겨우 스칠 뿐 그 안에 온전히 정착하지 못한다. 의식이 호흡에 완벽히 밀착되어 숨이 들고 나는 감각, 그리고 들숨과 날숨 사이의 공백을 느낄 때 현재의 순간이라는 보호막 안으로 더욱 깊이 뿌리내릴 수 있다.

내가 의식을 완벽하게 통제한다는 말을 하고자 하는 것이 아니다. 광범위한 변수가 집중력에 영향을 미친다. 외부 요소(소음, 온도 등)와 신체적 요소(질병, 피로, 허기 등) 모두 집중력을 좌우한다. 정신적인 요소가 가장 큰 난관이 될 때가 많다. 경제적 문제, 관계에 대한 두려움, 자기비판, 미래에 대한 계획, 오래된 응어리 등 우리의 마음을 어지럽히는 수많은 생각이 떠오른다. 그러나 세상 모든 일이 그렇듯, 좀 더 참고 연민을 갖고 호흡의 감각에 집중하면 모든 과정이 한결 쉬워진다. 호흡을 바탕으로 현재의 순간에 진입한 후에는 그곳에 있는 광활한 평온, 응축된 에너지에 접근할 수 있다.

잠시 멈춤 ◇ 현재 순간을 '생각하는 것'과 현재 순간에 '머무는 것'의 차이를 경험해보길 바란다. 현재 순간에 머물기 위해서는 두 눈을 감고 느린 심호흡을 10회 실시한다. 호흡이 몸 안으로 들고 나는 감각에 최대한 집중한다. 숨을 들이마시는 모든 순간을 처음부터 끝까지 집중한다. 날숨을 뱉기 전 잠깐의 공백을 인식한 뒤, 숨이 몸에서 빠져나가는 것을 주시한다. 마음이 이리저리 헤맬 때는 인내심을 갖고 다시 정신을 호흡으로 가져온다. 호기심 넘치는 과학자의 태도로 몸이 호흡할 때 느껴지는 모든 변화를 관찰한다.

성난 황소를 길들이는 법

현재 순간에 고통스럽고 강렬한 감정이 있다면 의식은 자연스럽게 불편한 감각에 매몰되기 쉽다. 불편함이 머릿속을 가득 채워 다른 것을 알아차리기가 어려워진다. 이런 순간에는 머릿속 풍경을 줌아웃^{zoom out}하듯 뒤로 당기면 현 순간의 실체를 좀 더 완전하고 정확하게 볼 수 있다. 이를테면, 강렬한 분노를 느낀다 해도 동시에 두 발은 땅을 단단히 딛고 서 있고, 호흡이 몸 안을 들고 나고 있으며, 주변 소음이 들리고, 피부에 닿는 셔츠의 촉감도 느낄 수 있다. 그 순간에 느껴지는 모든 감각에 열려 있으면 더욱 균형 잡힌 의식으로 단단히 현실에 뿌리를 내릴 수 있다.

이렇게 의식이 확장되면 마음이 열리고 감정이 자리할 공간이 생겨난다. 선 지도자인 스즈키 순류^{Suzuki Shunryu}는 격렬한 감정과 함께 현 순간에 머무는 것을 야생 황소 길들이기에 비유했다. 그는 야생 황소를 길들이기 가장 좋은 방법은 이리저리 움직일 수 있는 공간이 확보된 너른 초원에 가두는 것이라고 밝혔다. 공간이 비좁고 엄격하게 통제되는 곳에서 황소는 더욱 날뛸 것이다. 울타리가 전혀 없다면 황소는 폭주할 것이다. 황소를 안전하게 가둘 수 있는 너른 울타리를 친다면 몸부림치던 황소가 결국 스스로 진정을 찾아갈 것이다.

이와 마찬가지로 강렬한 감정을 통제하거나 억누르려고 하면 동요가 더욱 심해진다. 그러나 감정을 가만히 주시하면서 자신의 의식을 확장시켜 현재 순간에 느껴지는 여러 요소를 자각하는 것으로 감정이 자리할 공간을 준다면, 감정은 결국 에너지가 고갈되어 스스로 안정을 찾을 것이다.

몰입에 도달하는 최단 코스

현재 상태에 강력하게 빠져드는 '몰입'을 들어보았거나 실제로 '무아지경'을 경험한 적이 있는가? 운동선수, 음악가, 예술가가 운동이나 예술 활동에 깊이 집중할 때 몰입을 경험하기도 한다. 몰입할 때 보통 그 순간의 완전한 침잠, 이

례적인 퍼포먼스를 달성하는 능력, 자연스럽게 찾아오는 즐거움을 경험한다.

몰입 상태에서는 자신이 하는 일에 전적으로 집중하며 다른 생각은 마음에 떠오르지 않는다. 이때 굉장한 도전의식에 사로잡히지만 이와 동시에 이 도전을 완벽하게 해낼 열의도 가득하다. 몰입 상태에서는 시간이 느리게 흐르는 느낌을 받을 때가 많다. 매 순간이 충만하고 뚜렷하게 느껴진다. 운동 능력이 최적의 상태로 올라가고, 창의력이 활성화된다. 보통은 본인의 의지대로 몰입에 빠질 수는 없지만 몰입에 진입할 수 있는 정신 상태를 함양할 수는 있다. 마음챙김 수행이 바로 이 정신 상태로 이르는 최단 코스다.

본인도 운동선수 출신으로, 샤킬 오닐Shaquille O'Neal, 마이클 조던Michael Jordan 같은 선수들에게 마음챙김을 가르쳤던 조지 멈퍼드George Mumford는 저서인 《마인드풀 운동선수The Mindful Athlete》에서 몰입에 대해 이렇게 적었다.

"마음챙김을 수행할수록 의식의 몰입을 경험할 수 있는 상태로 진입하기가 쉬워진다. 즉, 마음챙김 수행은 정원에 물을 주는 것과 같다. 물이 없으면 풀이 자랄 수 없는 것처럼, 마음챙김만이 우리를 성장시킨다."

과학 노트 ◇ 현재 순간에 머물 때 두뇌가 변한다. 한 메타 분석에 따르면 명상 수행으로 두뇌의 영역 여덟 곳이 달라진다고 한다(폭스 외, 2014). 이 영역들은 감정을 조절하고, 기억력을 향상시키고, 집중력과 지각을 높이는 데 중요한 역할을 한다. 놀랍게도 특정한 방식으로 주의를 집중하는 법만 배우면 두뇌의 구조를 바꾸어 기능을 높일 수 있다는 것이다. 연구진은 "두뇌 구조와 명상에 대한 초기 연구에서 도출할 수 있는 가장 흥미로운 결과 중 하나는 아주 약간의 명상 훈련만으로 신경 가소성의 변화를 이끌어낼 수 있다는 점이다"라고 밝혔다. 운동을 통해 근육의 모양과 강도를 변화시키는 것과 유사하게, 명상으로 두뇌 구조와 효율성을 바꿀 수 있다.

———

사소한 일, 큰일, 좋은 일

———

에크하르트 톨레Eckhart Tolle는 《지금 이 순간을 살아라The Power of Now》에서 "현재에 완전히 집중하면 문제란 결코 생길 수 없다"고 강조했다. 그는 삶이란 지금 현재의 순간에서만 벌어진다고 지적했다. 문제와 걱정은 미래 또는 과거에만 머무른다. 현재에는 당신이 마주한 상황이 존재할 뿐이지만, 이 상황을 후회나 걱정으로 대하는 순간 문제가 되고 만다.

현재에 머무른다고 당신이 안고 있는 모든 문제를 피할수는 없다고 반박하고 싶은가? 어느 정도 맞는 말이다. 그러나 이렇게 생각해보자. 문제로 느껴지는 것 중 몇 가지는알고 보면 불안, 슬픔, 분노 같은 강력한 감정일 뿐이다. 이런 불편한 감정을 느끼는 것이 즐겁지는 않겠지만, 딱히 문제라고는 볼 수 없다. 마음챙김을 통해 불편한 감정을 유연하게 넘기며 고통을 덜 받는 법을 배울 수 있다.

그뿐만 아니라, 강렬한 감정을 포함해 당신이 경험하는문제는 대부분 '미래를 향한 두려움' 또는 '과거에 대한 후회'의 관점에서 보기 때문에 문제가 되는 것이다. 예컨대, 레이첼은 다음 학기에 해야 할 학업량을 생각하면 상당히스트레스를 받는다고 털어났다. 현재에서 미래를 바라보자 자신을 산 채로 삼켜버릴 것만 같은 어마어마한 학업량에 압도된 것이다. 그녀는 한 번에 하나씩 집중하고, 한 번에 한 문제씩 해결하며, 한 번에 과제 하나씩 처리하면 된다는 사실을 깨우치고 난 뒤에는 두렵지 않았다고 밝혔다. 완벽히 집중해서 그 순간순간에 충분히 처리할 수 있는 일련의 업무로 성격이 달라진 것이었다. 그렇게 보니 별 것 아니었다.

현재의 순간에 굳건히 뿌리내린 사람에게도 온갖 끔찍하고, 두렵고, 가슴이 미어지는 순간이 찾아온다. 그러나 주차 위반 딱지나 고장 난 지퍼처럼, 우리가 일상생활에서 마주하는 대다수의 문제는 사실 그리 대단한 사건이 아니다. 1990년대 스트레스 관리법으로 크게 인기를 끌었던 도서 시리즈에도 이런 내용이 나온다. 《사소한 일에 목숨 걸지 마라Don't Sweat the Small Stuff》라는 타이틀로 여러 권이 출간되었는데, 리처드 칼슨Richard Carlson이 쓴 이 시리즈의 첫 책 제목은 너무도 잘 어울리게도 '전부 별일 아니다and it's all Small Stuff'라는 문장으로 끝난다.

일상생활에서 맞닥뜨리는 대부분의 문제는 사소한 일로 볼 수 있지만, 안타깝게도 살다보면 누구나 끔찍한 고통을 마주하는 순간이 다가온다. 인간으로 산다는 것은 실패하고, 병에 걸리고, 사고를 당하고, 사랑하는 사람을 잃는다는 뜻이기도 하다. 그저 고통을 견디는 것 외에는 다른 선택지가 없는 순간이 찾아올 때가 있다.

그러나 비슷한 고통이 미래에 발생할까봐 두려워하거나 끊임없이 과거를 되새기느라 괴로워하지 않고, 고통이 그 순간에만 머물게 하면 어떨까? 가장 힘들었던 그 순간에 고통을 가두어놓을 수 있다면 고통은 우리의 삶을 지배할 힘을 잃게 된다. 이유가 어떻든, 그 고통이 되풀이될까 두려워하며 미래를 떠올리거나 이미 지난 과거로 묻어두지 못한다면, 고통은 실제로 존재했던 시간의 경계를 훌쩍 뛰어넘어 괴로움을 불러일으킬 수 있다. 쉬운 일이라고 말하는 것이 결코 아니다. 깊게 팬 상처를 쉽게 극복할 수 있는 사람은 없다. 다만 명상 수행을 통해 마음을 평안하게 만들 수는 있다.

잠시 멈춤 ◇ 요즘 자신을 괴롭히는 문제를 잠시 생각해보자. 지금 겪고 있는 일인가, 나중에 처리할 것을 걱정하는 것인가, 아니면 이미 다 끝나고 지나간 일인가? 다린이 무릎 부상에 대한 생각을 달리 하고 레이첼이 학교생활에 대한 부담감을 이겨낸 것처럼, 어떠한 문제가 발생하면 순간에 집중하며 하나씩 해결해갈 수 있겠는가?

단순하지만 쉽지 않다

현재에 머무는 법을 깨우친다면 어려움이 닥쳤을 때 난관을 헤쳐나갈 수 있고 삶에 찾아오는 기쁜 순간을 더욱 충만하게 느낄 수 있다. 현재에 집중함으로써 약간이라 해도 우리가 겪는 괴로움을 줄일 수 있다는 것은 분명 굉장한 일이다. 그러나 이 사실을 자신에게 휘두르는 또 하나의 채찍으로 작용하지 않도록 해야 한다('날 괴롭히는 문제가 이렇게나 많은데, 나는 현재에 몰입하는 것도 잘 못하는구나').

현재에 머무는 기술은 끊임없는 연습이 필요하다. 나는 매일 수행을 하지만, 여전히 마음을 놓치고 벌어지지 않을지도 모르는 미래를 걱정하며 불안해할 때가 많다('월요일까지 감기가 낫지 않으면 회사에서 고생할 텐데'). 그러나 시간이 흐를수록 점차 나아지고 있고, 전보다 한결 평온하게 살아가고 있다.

열린 마음으로 수행을 계속하고, 항상 현재에 머물지 못한다고 해서 자기 자신을 비판하지 않는다면 당신도 충분히 해낼 수 있다. 우리의 삶에 쉬운 일만 있는 것이 아니라서 다행인지도 모른다. 만약 그랬다면 사는 게 무슨 재미가 있을까?

다음 장에서는 의식을 관장하는 영역인 '관찰하는 마음'을 소개할 예정이다. 우선 그 전에 10분 동안 앞에서 배웠던 마음챙김 기술(복식 호흡, 역동적 호흡, 바디 스캔) 가운데 한 가지를 수행하도록 한다. 유난히 피곤하거나 마음이 산란해질 때는 역동적 호흡을 몇 분 하면 에너지를 회복하고 마음을 안정시키는 데 도움이 된다.

생각하는 마음,
관찰하는 마음

아주 단순하게 말하자면, 인간에게는 '생각하는 마음thinking mind'과 '관찰하는 마음observing mind'이 있다. 인지과학자들은 마음 상태를 훨씬 세밀하게 구분하지만, 나는 명상을 배우는 사람들에게는 생각하는 마음과 관찰하는 마음이라는 표현이 적절하다고 판단했다. 명상 수행을 통해 우리는 관찰하는 마음의 힘을 키운다.

생각하는 마음은 일정을 관리하고, 수학 문제를 풀고, 책상 서랍을 정리하고, 온갖 결정을 하고 계획을 세운다. 우리에게 상당히 많은 도움을 주는 마음 상태로, 대부분의 서구 문화권에서는 이 마음 상태가 주도적인 위치를 차지한다. 반면, 관찰하는 마음은 생각과 감각의 흐름을 지켜보며 현재의 순간에 머무는 마음 상태다. 우리가 생각하는 마음일 때는 생각의 강물 속에 빠져 있다. 관찰하는 마음일 때는 강둑에 앉아 강물이 흘러가는 모습을 지켜본다.

관찰하는 마음은 알아차림awareness을 함양하는 마음이다. 실로, 관찰하는 마음을 '순수한 알아차림pure awareness'이라고 부르기도 한다. 알아차림은 생각하는 것이 아니라 생각을 활용하는 것이다. 미국에서 마음챙김을 주류로 이끄는 데 가장 큰 역할을 한 인물인 존 카밧 진Jon Kabat-Zinn은 "알아차림은 생각을 담아두는 그릇에 가까워서, 우리는 알아차림을 통해 생각을 현실로 인지해 사로잡히지 않고 그저 생각임을 보고 깨우칠 수 있다"고 밝혔다.

관찰하는 마음 또는 알아차림은 한결같이 청명하고 파랗고 탁 트인 하늘에 비교되기도 한다. 생각하는 마음과 감정은 계속 변화하는 구름과 날씨에 가깝다. 가끔 거대한 폭풍과 먹구름이 맑은 하늘을 가리기도 하지만, 그래도 하늘은 그 자리에서 세상 만물을 아우른다. 광활하게 펼쳐진 관찰하는 마음은 모든 것을 품는다. 광대하고도 무한하다. 자신의 의식을 현재 순간의 경험에 집중할 때 관찰하는 마음에 진입하는 것이다.

관찰하는 마음은 생각을 바라보지만 좇지는 않는다. 마음속에 떠오르는 괴로움을 인지하지만, 개입하거나 어느 쪽을 택하지 않는다. 관찰하는 마음은 당신이 현재 무엇을 느끼는지 알지만, 판단을 하지도 이 감정을 더욱 부채질하지도 않으며 그저 바라본다. 힙합계의 거물이자 명상 강사인 러셀 시몬스Russell Simmons는 지켜보는 마음을 '관찰자The Watcher'라고 일컫기도 했다.

반응이 아니라 응답이다

생각하는 마음과 관찰하는 마음에는 한 가지 차이가 있다. 생각하는 마음은 반응하지만, 관찰하는 마음은 응답한다는 것이다. 분노를 느낄 때 생각하는 마음은 감정을 바탕으로 스토리를 만들어낸다. 생각하는 마음은 상당히 그럴듯하게 이렇게 말한다.

"이 프로젝트에서 내가 책임을 다하지 않는다고 생각하다니 믿을 수가 없네. 저 여자는 너무나 이기적이야. 이 팀을 이끄는 게 바로 나라고. 내 생각을 제대로 알려줘야겠어."

생각하는 마음은 강렬한 감정에 반응해 합리화, 남 탓하기, 공격 계획을 떠올리며 나를 '구해줄' 준비를 한다.

관찰하는 마음은 마음에서 이는 반응을 알고 있지만 여기에 휘말리지도, 이것이 사실이라고 생각하지도 않는다. 관찰하는 마음은 남에게 비판을 받을 때 이는 강렬한 분노의 감정을 인지한다. 이 감정이 몸의 어느 곳에 있는지 인식한다. 생각하는 마음이 스스로 지어낸 이야기를 진짜라고 믿는다는 것도 알고 있다.

관찰하는 마음은 '내 생각을 제대로 알려줘야겠다'는 충동이 이는 것을 알고 있지만, 동시에 호흡을 인지하며 충동과 행동 사이의 공간을 확보한다. 이 여유 덕분에 경솔한 반응이 아니라 합리적인 응답을 이끌어낼 수 있다. 관찰하는 마음은 현명한 행동을 이끌어내는 강력한 힘을 발휘해 우리가 현재의 순간을 주의 깊게 관찰한 후 선택할 수 있도록 한다.

관찰하는 마음을 훈련한다

대부분의 서구 문화에서 관찰하는 마음은 마치 한 번도 단련하지 못한 근육처럼 나약하다. 생각하는 마음은 활개를 치는 반면, 관찰하는 마음은 어느 정도 훈련을 하기 전까지는 제 역할을 하지 못한다. 운동을 할수록 근육이 더욱 강해지고 능력치가 더욱 오르는 것처럼 관찰하는 마음도 훈련을 통해 더욱 강력해진다. 관찰하는 마음을 기르는 데는 물론 명상이 최고의 운동이다. 얼마간 수련이 쌓이면 긴장된 상황 속에서도 관찰하는 마음에 진입할 수 있다.

수행 팁 ◇ 호흡을 현재의 순간에 의식을 집중하는 닻으로 삼아 명상을 할 때는, 호흡에 맞춰 '들이쉰다', '내쉰다'를 소리 내어 말하는 것으로 관찰하는 마음을 일깨울 수 있다. 소리 내어 말할 때 의식을 자연스럽게 호흡에 집중하는 것이 가능해진다. 호흡에 집중되어 있던 주의를 흐트러뜨리는 마음의 변화를 기민하게 살핀다.

아름답고 행복한 순간을 절대로 놓치지 않는 법

관찰하는 마음이 제대로 형성되면 아주 재미없는 일, 심지어 짜증 나는 일마저도 달라진다. 이를테면, 내가 설거지를 할 차례가 되었지만 하기가 싫어서 짜증이 나고, 특히 아주 힘든 하루를 보낸 터라 지치고 피곤한 날 같을 때 말이다.

부엌에서 설거지를 하며 이런 생각이 들 수 있다.

'왜 설거지도 내가 해야 해? 요리도 내가 다 했는데! 불공평해!'

마음을 다잡지 못하고 생각하는 마음이 제멋대로 불평하게 내버려둔다면, 설거지를 끝낼 무렵 생각하는 마음이 지어낸 이야기가 사실인 양 믿고 자기 연민에 빠져 상당히 언짢아진 기분으로 아무것도 모르는 가족에게 억울한 마음을 품었을 것이다.

그러나 관찰하는 마음이 들어선다면 설거지에 대한 관점이 완전히 달라진다. 짜증스러운 생각에 빠지기보다는, 내 손에 닿는 따뜻한 물의 느낌, 세제의 향기, 식기세척기에 그릇을 넣으며 쨍그랑 울리는 소리, 싱크대를 행주로 훔치는 팔의 움직임에 주의를 돌릴 수 있다.

사실 내 집에서 설거지를 하는 것에 딱히 불쾌할 일이 없다. 보통 즐겁고도 일상적인 감각이 가득한 일이다. 손톱으로 그릇을 긁어내거나 나이프로 몸을 찔러야 하는 등의 고통스러운 경험을 해야 할 일이 전혀 없다. 관찰하는 마음으로 현재 순간에 집중하고 내가 경험하는 현실과 교감하면, 설거지가 끝난 후 편안하고 낙관적이며 이후 무슨 일이 닥쳐도 받아들일 수 있는 상태가 된다.

놀랍게도 관찰하는 마음은 즐거운 순간의 경험을 더욱 강렬하게 만들어주기도 한다. 내가 관찰하는 마음을 연마하면서 가장 좋았던 점이 이것이다. 관찰하는 마음은 그 순간의 아름다움과 기쁨을 순도 높은 생생함으로 인식하게 해준다.

'완벽한 순간이야!' 또는 '이 순간을 영원히 기억하고 싶어'라는 생각이 들 정도로 행복에 겨웠던 때가 있는가? 이런 생각이 들 때가 바로 완전한 마음챙김의 순간으로, 당신의 관찰하는 마음이 그 순간의 경이로움을 완벽히 알아채는 때다. 관찰하는 마음이 강해질수록 당신의 삶에서 벌어지는 아름다운 순간을 더욱 많이 인식할 수 있다.

　굉장한 기대를 품었지만 막상 그 일이 끝난 후에는 기대했던 만큼 즐기지 못했다는 생각을 한 적이 있는가? 원인은 주로 생각하는 마음이 당신의 경험을 가로막고 즐거움을 앗아간 탓이다.

　코루 수업 중 티파니는 관찰하는 마음이 자신의 귀중한 시간을 되살려주었던 이야기를 공유했다.

　"스물한 살 생일 날, 친구들이 저를 위해 멋진 저녁 파티를 계획했어요. 함께 둘러앉아 저녁 식사를 하는데, 제가 그 순간을 즐기지 못하고 있다는 생각이 들었어요. 다른 사람들이 즐거운지 신경이 쓰였고, 어떻게 해야 좀 더 재밌는 시간이 될지 고민했죠. 제가 그 시간을 완전히 망치고 있었던 거예요. 이내 제 생각에 갇혀 있다는 것을 깨닫고는 관찰하는 마음을 가동시켜야 한다고 자각했어요. 테이블에 앉아 있는 사람들의 얼굴을 하나씩 들여다보고 웃음소리를 듣고, 음식을 가득 음미했죠. 그러자 곧바로 행복한 감정이 밀려드는 것이 느껴졌어요. 내 머릿속에 갇혀 생일 파티를 놓치는 대신 정말 행복한 시간을 보낼 수 있었죠."

　관찰하는 마음을 키우면 행복한 순간을 결코 놓치지 않

는다. 살면서 멋진 순간이 많이 찾아올 것이다. 이 순간들을 어느 하나 놓치지 않고 선명하게 경험하고 싶지 않은가?

잠시 멈춤 ◇ 관찰하는 마음을 단련하기 위해 평상시에 자주 하는 일을 하나 고른다. 설거지도 좋고, 빨래나 청소가 될 수도 있다. 다음에 이 일을 할 때는 관찰하는 마음을 켠다. 촉각, 미각, 시각, 후각, 청각 다섯 가지 감각을 열어 신체 감각을 인식한다. 어떠한 생각이나 정서적 반응이 일어난다면 그저 인지하고는 다시 그 순간 느껴지는 감각으로 주의를 돌린다. 그 일을 마칠 때까지 이 알아차림을 계속 유지할 수 있는지 시험해본다. 일을 마친 뒤에는 당시 어떤 기분을 느꼈는지, 늘 하던 일을 높은 수준의 알아차림으로 행했을 때 다르게 느껴졌는지 살핀다.

다음 장에서는 마음챙김의 태도로 살아가는 연습을 계속하는 동안 마주칠 몇 가지 난관을 짚어본다. 지금껏 자신만의 마음챙김 실험을 열심히 해왔다면, 이미 장애물을 만났을 것이다. 관찰하는 마음이 어려움을 해결하는 데 중요한 역할을 하므로, 지금 바로 10분간 마음챙김 수행을 한 후 다음 장으로 넘어가자.

명상을 방해하는
장애물

지금쯤이면 마음챙김과 명상을 실험한 지 약 일주일 정도 되었을 것이다. 지금까지의 경험이 만족스러웠을 수도 있고, 불만족스럽게 느껴졌을 수도 있다. 아마도 높은 확률로 한두 차례 장애물을 만나 발을 헛디딘 적이 있을 것이다. 모두 그렇다. 나도 그랬고, 지금도 한 번씩 그런다.

불교의 가르침에서 명상을 할 때 찾아오는 다섯 가지 난관을 오개伍蓋(다섯 가지 덮개)라고 한다. 이 다섯 가지 번뇌가 명상 수행을 시작하는 데 방해물이 되고, 이후 삶이 힘들어질 때마다 명상을 계속하지 못하게 만드는 원인이 되기도 한다. 이 난관의 실체를 정확히 인지하고 해결하지 못하면 수행은 더 나아가지 못하고 고착될 것이다.

전통적으로 다섯 가지 번뇌라 일컫는 것은 탐욕, 증오, 태만(또는 무기력), 안절부절(또는 불안), 의심이다. 이 다섯 가지 번뇌는 명상을 배우는 학생들에게서 졸음, 안절부절, 회의감, 미루는 버릇, 시간 압박의 형태로 나타난다.

다섯 가지 난관과 해결책

자주 등장하는 문제가 무엇인지 인지하고 몇 가지 해결 전략을 알고 있으면 도움이 된다. 이제부터 함께 살펴보자.

1. 졸음

• **난관**: 처음 명상에 입문한 사람들은 명상을 하기만 하면 잠이 든다고 토로할 때가 많다. 코루 수업에서 명상 수행을 할 때 조는 학생들을 심심치 않게 찾아볼 수 있다.

나도 잠을 좋아한다. 그들을 가까이서 지켜보니 그들이 대부분 수면 부족에 시달린다는 것도 알고 있다. 그러니 자리에 앉을 때마다 잠이 쏟아진다면, 수면이 필요하다는 몸의 신호일 수도 있다. 자신의 수면 패턴을 살피고 실제로 잠이 부족하지 않은지 생각해봐야 한다. 하루에 7시간에서 9시간 동안 수면을 취하고 있는가? 아니라면 우선 이 문제부터 해결해야 할지 모른다.

- **해결책**: 잠은 중요하지만, 잠과 명상은 분명 다르다. 명상을 하려고 자리에 앉을 때마다 잠이 든다면, 앉지 않으면 된다. 마음챙김 근육을 단련하는 방법은 많다. 역동적 호흡처럼 에너지 넘치는 훈련법으로 명상을 하거나, 이를 다른 명상을 시작하기 전 도입 명상법으로 활용해도 좋고, 또는 나중에 소개할 걷기 명상도 대안이 될 수 있다.

잠이 오는 현상을 공부해보면 정신을 맑게 하는 데 도움이 되기도 한다. 졸음이 올 때 느껴지는 감각을 호기심 어린 눈으로 파헤치는 것이다. 졸립다는 것을 어떻게 아는가? 몸 어느 부분에서 전해지는가? 졸음이 올 때 느낌이 어떤가?

그래도 여전히 졸음에 겨워 꾸벅거린다면 다른 방법도 있다. 두 눈을 뜬 채로 자리에서 일어나 명상을 하거나 숨을 최대한 오래 참는 것이다. 숨을 참기는 어렵지만 잠은 깰 수 있다.

2. 안절부절

• **난관**: 가만히 앉아 호흡을 지켜보는 것이 견딜 수 없이 힘들게 느껴질지 모른다. 안절부절못할 때 마음이 동요하고 좀이 쑤셔 가만히 있을 수가 없다.

내가 처음으로 사람들과 30분간 명상을 했던 때를 또렷하게 기억한다(어쩌나 힘들고 괴로웠는지 잊을 수가 없다). 내 인생에서 가장 긴 30분이었다. 그때 이런 생각이 들었다.

'얼마나 앉아 있었지? 30분 넘은 거 같은데. 너무 끔찍해. 도대체 내가 여기서 뭘 하고 있는 걸까? 저 여자는 왜 종을 치지 않는 거야? 혹시 잠든 거 아냐? 깨워야 될 것 같은데. 설마, 죽었으면 어떡하지? 여기서 평생 이러고 앉아 있어야 하나? 이 사람들은 어떻게 가만히 있지? 세상에, 더는 못 참겠어. 강사가 아직 죽은 게 아니라면, 그런데도 망할 놈의 종을 치지 않는 거라면 내가 죽여버릴 거야!'

바로 이것이 안절부절못하는 상태다.

• **해결책**: 앞서 말했듯이, 가만히 앉아서 명상을 수행해야만 하는 것은 아니다. 원한다면 역동적 호흡이나 걷기 명상을 수행해도 된다. 아니면 복식 호흡으로 차분한 명상을 시도해도 좋다. 배를 통해 천천히 심호흡을 할 때 정신적, 신체적 초조함을 가라앉힐 수 있다. 아주 바쁘게 오가는 마음을 진정시키기 위해 나중에 소개할 가타 명상을 할 수 있다.

내가 아는 한, 안절부절못하다 죽은 사람은 없다. 나도 '조금만 더 앉아 있다가는 머리가 터져버릴지도 모르겠다'고 생각한 적은 있지만, 실제로 그런 일이 벌어지진 않았다. 명상은 '불편함을 피하는 법'을 배우는 것이 아니라는 점을 명심해야 한다. 명상은 관찰하는 마음이라는 광대한 여유 속에서 '불편함을 견디는 법'을 배우는 것이다. 불편함을 두려워하거나 그에 휘말리지 않고, 그 저 바라보며 불편함이 흘러갈 공간을 마련해주는 것이 다. 명상 시간을 아주 짧게 줄이거나, 가만히 앉아서 하 는 명상을 피함으로써 안절부절못하는 마음을 외면하려 든다면, 동요하는 마음이 당신에게 전해주는 중요한 교 훈을 영영 깨닫지 못하게 된다.

따라서 마음의 동요를 자극하지 않는 명상법을 찾기보 다는 마음이 안절부절못할 때 호기심을 갖고 대해야 한 다. 마음이 도무지 진정되지 않을 때 느낌이 어떤가? 몸 어느 부분에서 전해지는 감각인가? '1초 만 더 앉아 있 으면 정말 죽겠다'라는 생각이 들 때 딱 세 번만 천천히 심호흡을 해보면 어떻게 될까?

불안하고 초조한 마음은 결국 사라지게 마련이다. 나는 요즘에는 '터져버릴 것 같다'는 기분을 느끼지 않고도 제법 오랜 시간 조용히 앉아 있게 되었다.

3. 회의감

• **난관**: 회의감은 사람들이 마음챙김을 대하는 과정에서

자주 느낀다. 그들은 마음챙김과 명상에 대해 흔히 다음과 같은 의심을 표출한다.

"사람들 말처럼 명상이 그런 효과가 있을 리가 없어."

"몇몇 사람들에게는 좋았겠지만 나한테는 별 도움이 안 될 거야."

"나는 명상을 할 수 있는 사람이 아니야."

"도움이 될 것 같기는 한데 내가 끝까지 할 수 있을지는 모르겠어."

"좋은 거겠지만 시간을 들일 만한 가치가 있는지는 확신이 안 들어. 너무 바쁘기도 하고, 시간이 있다면 차라리 공부나 일을 하는 게 훨씬 나을 것 같아."

"마음이 너무 바쁘고 정신도 없어. 명상은 별 도움이 안 돼."

• **해결책:** 대항하든 굴복하든, 회의감에 반응하기 전에 관찰하는 마음으로 내면에 이는 의심을 인식해야 한다. 의심은 생각의 강물 위를 떠다니는 단어나 이미지일 뿐이다. 관찰하는 마음으로 주시하면 의심을 어떻게 해보려 들 필요가 없다는 사실을 깨닫게 될 것이다.

시간이 흐르면 마음챙김이 당신의 삶에 유용한지 아닌지 알게 된다. 마음챙김을 탐구하는 동안 의심스러운 생각뿐 아니라 온갖 생각이 찾아올 것이다. 수행에 조금씩 진전이 있으면 비현실적일 정도로 활기찬 기대감도 찾아온다('마음챙김이 스트레스를 몽땅 없애줄 거야!)

내면의 강을 따라 온갖 생각이 흘러가고 있음을 지켜보고, 그에 반응하고자 하는 충동을 따르지 않는 것이 마음챙김의 이점 중 하나다. 회의적인 생각이 들 때가 바로 이 기술을 연마할 기회인 셈이다. 명상을 하는 동안 의심스러운 생각을 인지하고 이런 생각이 강물을 따라 흘러가도록 두며 다음에 떠오를 생각을 가만히 기다리면 된다.

4. 미루는 버릇

• **난관**: 시작이 가장 어렵다. 내가 아는 명상가 모두 이 문제에 시달린다. 명상을 정말 하고 싶지만 도무지 시작하기가 힘들다는 것이다. 시간은 있지만 그 순간에 명상을 할 기분이 안 드는 것이다. '좀 이따 해야지' 하고 넘기

다 보면 어느새 하루가 다 지나버리고, 명상을 하기에는 너무 피곤해서 잠자리에 들고 만다.

• **해결책**: 막상 명상을 하고 나면 그리 어렵지 않다고 생각하지만, 시작하는 것은 아주 고통스럽고 어려운 일로 느껴진다.

도저히 자리에 앉아서 할 수 없다면 억지로 앉을 필요는 없다. 명상을 해야 할 시간이지만 도저히 내키지 않으면 그냥 하던 일을 멈추고 몇 번 호흡을 한다. 되도록 호기심 어린 눈으로 명상을 하고 싶지 않은 기분을 마주한다. 몸 어느 부분에서 느껴지는 감각인가? 호흡을 몇 번 하면서 지켜보니 기분이 달라졌는가? 명상을 시작할 기분이 들지 않는다는 느낌 뒤에 어떤 생각이 있는가?

무엇이 떠오르는지 지켜본다. 자신도 모르는 새 명상을 한 것이나 다름없다. 가만히 서서 관찰하는 마음으로 그 순간의 감각과 생각을 살핀 것이다. 그렇게 몇 분만 더 머물면 명상 수행을 완수한 것이다. 호흡을 지켜보며 가만히 있는 동안 앉고 싶다는 생각이 들 수도 있다. 자리에 앉든 서든, 자신이 마주한 난관을 호기심 어린 눈으로 지켜보면 어려움을 헤쳐나가는 데 도움이 된다.

5. 시간 압박

• **난관**: "너무 바빠서 명상할 시간이 없어요."

나는 이 말을 셀 수도 없이 많이 듣는다. 물론 사실일 것이다. 사람들은 대부분 학교에 가거나 회사를 다니느라 하루를 바쁘게 보낸다. 더욱이 스트레스를 받을 때면 주어진 시간에 비해 할 일이 너무 많은 것 같아 시간 압박을 느끼는 것이 당연하다.

• **해결책**: 당신이 시간 압박을 자주 느낀다는 사실에 나도 진심으로 공감한다. 그러나 현재 순간에 대한 알아차림을 깨우치는 데 하루에 단 10분도 낼 수 없을 정도로 바쁜 사람을 본 적은 없다.

어떻게든 시간을 내는 것이 비결이다. 아침에 10분 일찍 일어날 수 있는가? 아침에 일어나 몇 분간 고요하게 사색을 하는 것은 하루를 시작하는 훌륭한 방법이다. 학교에 가거나 출근할 때 버스 또는 지하철을 타는가? 그렇다면 통근길에 10분 동안 마음챙김을 수행할 수 있다. 점심시간 또는 일과를 마치고 집에 들어오자마자 가장 먼저 마음챙김을 할 방법은 없을까? 넷플릭스를 보거나 SNS를 하거나 컴퓨터 게임을 하는 데 몇 시간이나 쓰는가? 여기서 10분만 아낄 수는 없을까? 아니면 헬스장에서 운동을 마치고 몸을 푸는 동안 10분간 명상을 하는 건 어떤가?

하루를 어떻게 보내는지 객관적으로 분석한 뒤 명상하는 시간을 마련할 방법을 생각해본다. 정말 시간을 내기 어렵다면 '시간이 없어'라는 생각이 회의감('명상하는 데 시간을 쓸 가치가 있을까?')에서 발현된 것은 아닌지 또는 미루고 싶은 마음('좀 쉬고 나중에 해야지')에서 비롯된 것은 아닌지 호기심 어린 태도로 살핀다. 이 두 가지 생각에서 기인한 것이라면 앞에서 소개된 해결책을 시도해보길 바란다.

수행 팁 ◇ 명상을 할 시간을 정해놓으면 매일 수행을 하는 데 큰 도움이 된다. 하루 중 명상을 할 수 있는 시간과 조용한 장소를 정한다. 이를테면

저녁 식사를 마친 후 거실에 앉아서 명상을 하겠다는 계획을 세우는 것이다. 잊지 않기 위해 알람을 설정하고, 계획을 지키기 위해 최선을 다한다. 며칠 시도해보고, 잘 안 된다면 새로운 계획을 세워 시험한다. 다른 시간이나 다른 장소가 명상 수행에 더 도움이 되는지 살펴본다.

계획을 자꾸 바꾸고 싶은 마음을 경계한다. 시간이 없다는 것이 가장 흔한 핑계일 텐데, 계획만 바꾸는 데는 한계가 있고 결국 시간을 어떻게든 만들어내야 할 것이다.

―――

난관을 넘어서

―――

이제 당신이 마주하게 될 난관과 이를 극복할 해결책까지 모두 배워 만반의 준비를 마쳤으니, 몇 가지 새로운 마음챙김 기술을 익혀야 할 때다. 바로 다음 장에서 다룰 이야기다. 아, 오늘 몫의 10분 명상을 하지 않았다면 바로 지금이 좋은 때다.

3
단
계

___

삶의 원리를
깊이 이해한다

마음을 지켜보는 것과 통제하는 것에는 차이가 있다.
온화하고도 열린 태도로 마음을 지켜볼 때
마음이 진정되고 고요해진다.
마음을 통제하려 하면 동요와 고통이 더욱 심해진다.

- 헤네폴라 구나라타나
 (스리랑카의 스님으로 전 세계적으로 존경받는 수행자)

끊임없이 동요하는
몸과 마음을 위한 마음챙김

앞서 나왔던 호흡 알아차림, 복식 호흡, 역동적 호흡, 바디 스캔을 일주일가량 수행했다면, 이제는 새로운 마음챙김 수행법을 배울 차례다. 이번 장에서는 걷기 명상과 가타 명상을 소개하고자 한다. 이 두 가지 명상법은 몸과 마음이 안절부절못하고 의식을 집중시키기가 유난히 어려울 때 효과적이다.

이제부터 두 가지 기술을 설명할 텐데, 만약 녹음 파일로 듣는 것이 편하다면 코루 앱이나 웹사이트(www. korumindfulness.org/guidedmeditations)에서 구할 수 있다.

몸을 움직이며 명상하기

지금껏 배운 마음챙김 기술과 명상법은 역동적 호흡을 제외하고는 전부 자리에 가만히 앉아 호흡과 신체 감각에 의식을 집중하는 방식이었다. 그러나 너무 졸리거나 마음의 동요가 심해 자리에 앉아서 효과적으로 마음을 집중시키기 어려운 때가 있었을 것이다. 이런 순간에는 걷기 명상이 완벽하다. 움직이면서 하는 명상이고 익히기도 쉽다.

걷기 명상

걷기 명상은 명상을 하며 방 안이나 짧은 거리를 천천히 왔다 갔다 걷는 방법이다. 걷기 명상에서는 호흡을 닻으로 삼지 않고, 한 발짝씩 걸음을 옮길 때 전해지는 발의 감각에 집중한다.

다른 명상 수행 때와 마찬가지로 마음이 산만하게 떠도는 것을 느낄 것이다. 해결 방법은 같다. 마음이 이리저리 헤맬 때면 다시 발의 감각으로 의식을 되돌리면 된다.

보통, 걷기 명상은 아주 느린 속도로 행한다. 그 어느 때보다도 느린 속도로 걸어야 한다. 처음 걷기 명상을 시도할 때는 '좀비'라는 단어가 떠오를지도 모른다. 느리게 걸음을 옮겨야 몸무게가 이동하고 근육이 수축 및 이완하고 반대편 다리가 앞을 내딛는 감각을 인지할 수 있다.

'마음챙김의 태도는 순간에 집중하는 것이라고 했는데, 강의실까지 걷는 것도 걷기 명상으로 칠 수 있느냐'는 질문을 자주 받는다. 걷기 명상은 습관으로 삼기에 매우 훌륭하지만, 딱히 명상이라고는 볼 수 없다. 마음챙김 걷기walking mindfully는 습관으로 삼기에 매우 훌륭하지만 딱히 명상이라고는 볼 수 없다. 유념하며 걷기는 마음속에 이르러야 할 목적지를 정해둔 채로 주변의 풍경, 소리, 감각에 주의를 기울이는 것이다. 하지만 걷기 명상에는 정해진 목적지가 없다. 두 발의 감각을 현재의 순간에 머무는 닻으로 삼아 명상 상태에 진입하는 것이 걷기 명상의 유일한 목표이다.

걷기 명상 방법

○ 남의 눈에 띄지 않고 편히 걸을 만한 장소를 찾는다. 실내나 실외에 장애물 없이 짧은 거리로 난 길을 찾아야 한다. 원한다면 신발을 벗어도 좋다. 두 발에 고르게 무게를 실어 바로 선다. 두 팔은 양옆으로 자연스럽게 늘어뜨리거나 등 뒤로 자연스럽게 뒷짐을 진다. 앞에 놓인 바닥을 편히 응시한다.

○ 발에 주의를 기울이며 앞으로 걸어나갈 준비를 한다. 오른발 뒤꿈치를 천천히 들어올리고 발바닥을 지면에서 떼며 전해지는 모든 감각을 인식한다. 오른발을 앞으로 내딛어 지면에 내려놓으며 몸무게가 오른쪽에 실리면 이제 왼발을 들어 앞으로 내딛는다. 왼발을 바닥에 내려놓으며 몸이 앞으로 이동하는 것을 느낀 뒤 이제 다시 오른발이 지면에서 떨어지는 것을 인식한다.

○ 천천히 계속 걸으며 두 발에 의식을 집중한 채 모든 움직임과 몸무게의 이동에 민감하게 주의를 기울인다. 걸음을 옮길 때마다 전해지는 모든 감각을 하나도 놓치지 않으려는 태도를 유지한다.

○ 마음이 떠도는 것을 알아채면 자신 또는 집중하지 못하는 마음을 판단하지 않고 다시 두 발의 감각으로 의식을 집중한다.

○ 정해놓은 짧은 거리를 걸었거나 목표로 했던 곳까지 걷기를 완료했다면 걸음을 멈추고 두 발을 엉덩이 바로 아래 일직선상 아래 둔다. 천천히 몸을 돌려 반대편 방향을 마주하면서 이때 전해지는 몸무게의 이동이나 몸의 움직임을 세밀하게 관찰한다. 잠시 멈추어 서서 몸의 감각을 인지한 뒤 왔던 길을 천천히 주의를 기울여 되돌아 걷는다.

○ 왔다 갔다 반복해 걸으며 최소 10분간 계속한다. 속도를 조금 늦추거나 높여 속도가 달라질 때 의식이 어떻게 변하는지 관찰한다. 명상을 끝내기 위해서는 가만히 멈추어 서서 몇 번 호흡을 하며 온몸의 감각을 주시한다.

호흡이라는 모호한 느낌에 집중하는 것보다는 발의 감각을 닻으로 삼는 편이 쉽게 느껴져 걷기 명상을 좋아하는 사람들도 있다. 또 어떤 이들은 느리게 걷는 것이 답답하고 불만스럽다고 토로한다. 불만이란 감정이 생기는 것은 문제가 아니라는 점을 명심해야 한다. 자신이 내면의 좌절감에 어떻게 반응하는지 깊이 배울 수 있는 훌륭한 기회다.

첫 걷기 명상 경험이 어떠했든 간에 여러 번 수행하며 충분한 기다려보기 바란다. 걷기 명상은 마음챙김 명상 수행법 중 기본적인 방법이고, 다양한 명상을 수행하며 자신의 마음이 저마다 어떻게 반응하는지 지켜보는 과정에서 많은 것을 배울 수 있다.

수행 팁 ◇ 명상 수행에 재미를 더하고 에너지를 불어넣고 싶은가? 야외에서 하는 방법이 있다. 자연에는 우리의 의식에 활기를 불어넣고 우리 안에 경외감을 불러일으키는 힘이 있다. 새소리, 얼굴에 닿는 햇빛과 바람의 느낌은 현재의 순간을 가리키는 닻 역할을 훌륭하게 해준다. 맨발로 부드러운 잔디밭이나 해변의 모래사장 위에서 걷기 명상을 할 때 현재의 순간 그리고 자연의 경이로움에 깊이 교감할 수 있다. 내가 꼽는 최고의 명상 장소는 뒷마당에 있는 나무 위의 집이다. 자연 속에서 당신만의 특별한 명상 장소가 될 곳을 찾아보는 것도 좋겠다.

흥분한 마음을 가라앉히는 치료제

베트남 승려이자 명상 스승인 틱낫한Thich Nhat Hanh에 의해 미국에서 유명해진 가타gatha는 명상을 하는 동안 반복적으로 읊는 구절을 뜻한다. 가타는 흥분한 마음을 가라앉혀 그전까지는 인지하지 못했던 호흡의 감각에 의식의 닻을 내리는데 도움이 된다.

생각하는 마음이 쳇바퀴 돌 듯 걷잡을 수 없이 바쁠 때는 좁은 공간에서 잔뜩 흥분해 날뛰는 강아지와 비슷하다. 이런 순간에는 관찰하는 마음이 비집고 들어갈 틈이 없다. 이때 마음속으로 가타를 외우는 것은 강아지에게 뼈다귀를 던져주는 것과 마찬가지다. 생각하는 마음을 한곳에 얌전히 묶어두는 것이기에 관찰하는 마음이 생각하는 마음을 살피기가 한결 쉬워진다.

처음 학생들에게 가타를 가르치면 의심스러운 눈초리를 보내기도 하지만, 나중에는 생각하는 마음이 날뛸 때 관찰하는 마음을 강화하기 위해서 가장 의지하는 것이 바로 가타 수행이라고 털어놓는 사람이 많다. 마음을 활짝 열고 가타를 수행하며 어떤 변화가 찾아오는지 객관적으로 관찰해 보라.

가타 명상

처음에는 가타 명상이 복잡하다고 느낄 수 있다. 부디 인내심을 갖고 가타에 대한 설명을 끝까지 들어주길 바란다.

코루에서는 틱낫한의 가타 명상을 차용한 앤드류 웨이스Andrew Weiss의 명상법을 각색해 가르치고 있다. 아래에 나온 가타를 몇 번 읽으며 외운다. 가타 명상에 익숙해진 후에는 인터넷에서 다른 가타 구절을 찾거나 당신만의 구절을 직접 만들어볼 수 있다.

> 숨을 들이마시는 것을 인지합니다. (들숨)
> 숨을 내쉬는 것을 인지합니다. (날숨)
> 몸과 마음을 진정시킵니다. (들숨)
> 미소를 짓습니다. (날숨)
> 현재의 순간에 머물고 있습니다. (들숨)

지금 이 순간이 소중하다는 것을 인지합니다. (날숨)

가타 명상 방법

○ 의자나 바닥에 방석을 깔고 앉아 등을 곧게 펴되 몸에 너무 힘이 들어가게 하지 않는다. 명상 타이머를 10분 이상으로 맞춘다. 두 눈을 감거나 멍하니 바닥 한곳을 응시한다. 몸 안에서 호흡을 찾고 숨이 들고 나는 것을 지켜본다. 구절에 맞춰 호흡을 하며 가타를 마음속으로 암송한다. 숨을 마시며 '숨을 들이마시는 것을 인지한다'고 되뇐다. 숨을 내뱉으며 '숨을 내쉬는 것을 인지한다'고 마음속으로 말한다. 다시 숨을 들이마시며 '몸과 마음을 진정시킨다'고 되뇐다.

○ 한 번 마친 후에는 호흡의 흐름을 그대로 유지한 채 다시 처음으로 돌아가 몇 번 반복한다. 여느 명상 때와 마찬가지로 마음이 한 번씩 흩어질 때가 있을 것이다. 다른 데 정신이 팔리거나 구절을 잊는다 해도 걱정할 것 없다. 다시 한 번 의식을 호흡으로 가져온 뒤 첫 구절부터 시작하면 된다.

○ 몇 분 후 생각하는 마음이 진정되고 나면 이번에는 단어만 되뇌는 것으로 가타를 짧게 줄일 수 있다.

- 들숨

- 날숨

- 진정

- 미소

- 현재의 순간

- 소중한 순간

○ 숨을 마시며 마음속으로 '들숨'이라고 말한다. 숨을 뱉으며 '날숨'이라고 말한다. 암송에 맞춰 호흡의 흐름을 유지한 채 단어로 된 가타 명상을 몇 번 반복한다.

○ 한 가지 더 말하자면, '미소를 짓습니다' 또는 '미소'라고 말할 때 살짝 미소를 머금듯 입꼬리를 올린다. 실제로 미소를 지을 때 감정이 미묘하게 달라진다고 고백하는 사람이 많다. 당신도 그런지 한번 살펴보길 바란다.

자연스럽게 구절을 불러올 정도로 몸에 완전히 익을 때까지 연습한다. 가타가 의식을 호흡에 집중하는 데 도움이 된다고 말하는 이들이 많다. 가타 명상을 하는 동안 호기심 어린 태도를 유지하고, 익숙해질 때까지는 이 수행이 자신에게 정말 도움이 되는지 판단하고자 하는 충동을 삼간다.

과학 노트 ◇ 미소는 스트레스가 심혈관계에 끼치는 악영향을 감소시키고 기분을 향상하는 효과가 있다. 당신은 행복해야 미소를 짓는 거라고 믿겠지만, 억지로라도 미소를 지으면 충만함, 행복과 같은 긍정적인 정서가 향상된다는 사실은 이미 알려진 지 오래다.

거짓 미소는 기분을 호전시키는 것 이상의 작용을 하는 것으로 밝혀졌다. 과학자들이 실험 참가자들의 입에 젓가락을 물려 억지로 웃는 표정을 짓게 만들자, 참가자들은 본인이 미소를 짓는다는 사실조차 인식하지 못했음에도 심혈관계 스트레스가 낮아지는 것이 드러났다. 따라서 아주 간단한 스트레스 관리법을 찾고 있다면 거짓으로라도 얼굴에 웃는 표정을 지으면 된다. 당신은 물론 당신의 심장도 행복해질 것이다(크레프트, 프레스먼, 2012).

잠시 멈춤 ◇ 잠시 시간을 내어 자신을 살핀다. 새로운 마음챙김 기술을 시

도해볼 의향이 어느 정도인지 파악한다. 처음 마음챙김에 관심을 갖게 된 동기, 이 책을 읽기 시작한 이유를 다시 한 번 떠올린다.

매일 수행한다

일상 속 마음챙김 수행법으로 선택할 수 있는 기술이 이제 여섯 개나 되었다. 앞에서 소개한 네 가지 방법(호흡 알아차림, 역동적 호흡, 복식 호흡, 바디 스캔)에 더해 조금 전에 두 가지 방법(걷기 명상, 가타 명상)을 더 배웠다.

이 책에 나온 모든 기술에 전문가가 될 필요는 없지만, 모두 다 빠짐없이 몇 번 시도하는 것이 중요하다. 연습을 계속하다보면 자신에게 가장 잘 맞는 수행법이 무엇인지 알게 되고, 가장 좋아하는 수행법도 생길 것이다. 그날 그날 어떠한 기술을 수행하기 좋을지 선택하는 과정에서 자신의 기분과 에너지가 큰 영향을 미친다는 것을 알게 될 것이다. 예컨대 마음이 산란하고, 몸을 움직이며 의식을 집중하는 수행을 하고 싶은 날에는 걷기 명상이 가장 효과적이다.

지금쯤이면 마음챙김 실험을 한 지 꽤 시간이 흘렀을 것이다. 따라서 일상 속에서 하는 마음챙김 수련에 좀 소홀해졌다면 머리말로 돌아가 감사한 일 기록하기, 매일 하는 루틴 중 한 가지 일을 골라 마음챙김으로 행하기를 다시 한번 상기한다.

이제부터 마음챙김이 생각하는 마음에 어떠한 영향을 미쳐 스트레스를 낮출 수 있는지 살펴보고, 욕심과 수용, 회복력이라는 중요한 개념을 살펴보겠다. 명상 경험이 쌓일수록 더욱 의미 있게 다가올 주제이므로 다음 장으로 넘어가기 전, 지금 바로 가타 명상이나 걷기 명상을 몇 분 수행하도록 한다.

삶에서 고통을
덜어내는 법

의식을 현재의 순간에 머물게 하는 방법, 관찰하는 마음을 기르는 법, 자신을 향한 비판적인 사고를 경계하는 법 등 마음챙김의 기본을 모두 살펴봤으니, 이제는 마음챙김이 삶의 고통을 어떻게 줄여주는지 알아볼 차례다.

우선 마음이 어떤 식으로 작동하는지 이해하고, 일반적으로 스트레스를 가중시키는 사고 체계를 아는 것부터 시작해야 한다. 스트레스를 부르는 사고 체계를 파악하고 조절할 수 있다면 상황이 달라지지 않아도 전보다 삶의 질을 한층 높일 수 있다.

당신은 지금 힘든 상황에 놓여 있을지도 모르겠다. 월세를 내려고 몇 가지 일을 동시에 하거나, 마음에 상처를 입었거나, 새로운 커리어를 시작하는 데 어려움을 겪거나, 학업량에 짓눌리거나, 차별로 당해 괴로움을 겪는 등 말이다. 명상이 스트레스를 낮춰준다는 말이 마법처럼 이러한 고난을 모두 사라지게 해준다는 뜻은 아니다. 세상 모든 명상가를 아우르는 최고의 대가라 해도 삶의 문제는 여전할 것이다. 그러나 어려운 문제를 달리 접근하는 법을 배운다면 마음의 짐을 한결 덜어낼 수 있다. 상황이 전혀 달라지지 않았는데 삶이 나아진다니, 선뜻 이해가 가지 않을 것이다. 지금부터 자세히 파헤쳐보자.

마음은 이야기를 지어낸다

어떤 일이 발생하면 마음은 스토리를 지어낸다. 이를테면, 지원했던 인턴십에서 탈락했다고 생각해보자. 실망감과 불안함을 느낄 것이고, 생각하는 마음은 이 감정을 따라 스토리를 만들어낸다('난 정말 루저야. 원하는 것을 성취한 적이 한 번도 없어. 인턴쉽 경력이 없다면 결국 내가 원하는 일자리를 얻지 못할 거야'). 연인과 헤어져서 큰 슬픔을 느낄 때도 이야기가 등장한다('난 사람을 사귀지 못하는 인간이야. 항상 사람들을 떠나게 만들거든. 평생 혼자 살 게 될 거야'). 이런 스토리들이 현실을 정확하게 묘사한 것 같지만, 사실 전혀 그렇지 않다. 그 순간에 당신이 느끼는 감정에 반응하여 마음이 시나리오를 만들어내는 것뿐이다.

마음이 들려주는 이야기는 사실을 약간만 반영한 것이다. 따라서 자신의 머릿속에 떠오르는 생각을 모두 믿어서는 안 된다. 진화 과정에서 생긴 부정 편향negativity bias이라는 성향 때문에 마음은 자극적인 9시 뉴스 소재처럼 위험, 실망감, 수치심이 담긴 극적인 이야기를 좋아한다. 따라서 아무런 의구심 없이 내면의 스토리를 그대로 듣다보면 삶에서 기쁘고 좋은 일은 전혀 일어나지 않는다는 생각이 들기도 한다.

부정 편향은 나쁜 소식에 귀를 기울이고 좋은 소식에는 귀를 닫는 인간의 타고난 성향이다. 우리 선조 가운데 문제를 감지하고 최악의 시나리오에 대비하는 사람들이 진화에

유리했고, 인간은 점차 이 능력을 키워나갔으며 결국 무엇이든 부정적으로 해석하는 데 상당히 능해졌다. 불쾌하고 두렵고 위험한 소식에 집착하는 것이 사바나 속 포식자로부터 자신을 지키는 데는 유용했으나, 현대 사회에서는 이런 경향으로 인해 일상 속 스트레스가 더욱 심화되는 경우가 많다. 부정 편향으로 인해 아침에 일어나 옷을 입고, 버스를 타고, 등교하는 등의 평범한 일의 가치를 완전히 무시하고 따뜻한 커피 한 잔, 얼굴에 닿는 햇살, 가장 좋아하는 노래 등 기분 좋은 일은 희미하게 인식하기 때문에 실제보다 불쾌한 순간이 더욱 많은 것처럼 느끼게 된다.

잠시 멈춤 ◇ 내면의 스토리를 명확하게 깨닫기 위한 첫 단계는 생각은 그저 생각이며, 현실을 정확하게 반영하지 못하는 한낱 단어와 이미지에 지나지 않는다는 것을 깨닫는 데서 시작한다. 자신의 생각을 명확하게 보는 법을 훈련하기 위해서, 마음챙김을 바탕으로 한 심리 치료법인 '수용 전념 치료acceptance and commitment therapy'를 시도해보길 바란다. 먼저 머릿속에 찾아온 생각을 글로 적거나 소리 내어 말해본다. '나는 아무 생각도 하고 있지 않다'라고 해도 좋다(자신의 생각을 인식하려 노력할 때 처음 드

는 생각이 바로 이것일 때가 많다). 그런 뒤, '나는 ○○라는 생각을 하고 있다'는 문장으로 바꿔 소리 내어 말한다("나는 아무 생각도 하고 있지 않다는 생각을 하고 있다"). 그 뒤로 머릿속에 등장하는 다섯 개의 생각을 위와 같이 말해본다. 좀 이상해보여도 마음챙김 근육을 만드는 데 효과적인 훈련이다. 자신의 생각을 그저 생각으로 인지하는 연습이 되기 때문이다.

───────

부정 편향이 스트레스를 높인다

───────

부정 편향이 스트레스를 높이는 이유는 현재에 벌어지고 있는 삶을 받아들이는 방식에 영향을 미치고, 과거에 벌어져 지나간 일을 떨치지 못하게 하고, 미래에 벌어질 일을 부정적으로 예측하게 만들기 때문이다. 이 편향을 상쇄하기 위해서는 판단을 버리고 현재의 순간을 알아차리는 태도가 필요하다.

현재 벌어지는 일: 부정적인 일에 지나치게 집중하다

매순간 우리 주변에는 기분 좋은 일, 불쾌한 일, 별 감정을 불러일으키지 않는 일 등 다양한 사건이 벌어지고 있다. 불쾌한 일에만 레이저를 쏘듯 집중하면 경험 전체가 불쾌하게 느껴질 것이다.

가령, 식료품점 계산대에서 줄을 서 있는데 좀처럼 앞사람의 계산이 끝날 기미가 없다. 당신의 주의는 이내 직원에게 향함과 동시에 이런 생각이 든다.

'세상에, 도대체 왜 저러는 거야? 이 사람 때문에 내가 늦게 생겼네. 빨리 좀 하라고!'

곧장 화가 나고 스트레스가 쌓인다.

그러나 그 순간 다른 일은 벌어지지 않는 걸까? 갓 구운 빵 냄새나 입고 있는 코트의 부드럽고 따뜻한 촉감 등 분명 기분 좋은 감각도 있을 것이다. 들숨과 날숨이 반복되는 호흡, 손 안에 든 지갑의 무게처럼 딱히 감정을 일으키지 않는 요소도 있다. 기분 좋은 일, 불쾌한 일, 감정을 일으키지 않는 일이 함께 일어난다. 따라서 어느 곳에 의식을 집중할지는 당신이 선택할 수 있다.

손이 느린 점원, 약속 시간에 늦을 것 같은 걱정처럼 부정적인 일에만 집중하는 것은 주변의 다른 풍경은 모두 무시한 채 언짢고 스트레스만 불러오는 요소에만 클로즈업을 하는 것과 같다. 의식을 줌아웃시켜 그 순간 벌어지고 있는 모든 일을 보려 하면 기쁘거나 감정이 결부되지 않은 일 모두가 담긴 전체 그림을 눈에 담을 수 있다.

너른 시각으로 바라보면 부정적인 일은 충만하고 다양한 장면이 담긴 그림 속 작은 일부에 지나지 않는다. 짜증 나는 마음이야 여전하겠지만 적어도 당신의 머리를 가득 채우지는 않는다. 따뜻하고 기분 좋은 감각들이 의식 안으로 자리하며 당시 경험을 균형 있게 인식할 수 있게 된다.

너른 시각으로 상황을 본다는 것은 부정적인 감정을 거부하거나 억누르는 것이 아니라는 점을 명심하길 바란다. 다만 더욱 완전한 그림을 봄으로써 현실을 더욱 정확하게 인지하는 것이다.

앞의 사례는 당신이 경험을 인식하는 방식이 경험 그 자체보다 스트레스에 더욱 큰 영향을 미친다는 사실을 단편적으로 보여주는 예다. 얼마나 스트레스 받은 상태로 식료품점을 나설지는 결국 계산대에서 기다리는 동안의 경험을

큰 그림으로 인식하는 능력에 따라 달라진다. 초조해 해도
줄이 줄어드는 속도는 변하지 않을 거라는 점을 명심해야
한다.

과거 돌아보기: 마음의 괴로움을 덜어내려면

우리의 마음은 싫은 것을 발견하면 사냥개 몸에 붙어 떨어
질 줄 모르는 진드기처럼 그 대상을 움켜쥐고 놓지 않는다.
이런 성향 때문에 우리는 짜증스럽고 괴로운 일을 끝까지
붙잡고 늘어지며 최악의 불쾌한 감정까지 악착같이 경험하
려 든다.

　이러한 인간의 성향을 묘사한 오래된 이야기가 하나 있다.

　　아름다운 어느 여름날, 나이 지긋하고 지혜로운 승려와
　　그를 따르는 충직한 제자가 시골길을 걷고 있었다. 어느
　　강 앞에 도착한 이들은 얼마 전 폭풍우로 다리가 떠내려
　　간 것을 발견했다. 강 옆에는 절름발이 노파가 어쩔 줄 몰
　　라 하고 있었다. 노파는 두 승려에게 말했다.
　　"나 좀 도와주시오! 이 강을 꼭 건너야 되는데 물에 빠져

죽을까봐 어쩌질 못하고 있소."

이 노파의 괴로움이 전해져 마음이 아팠던 나이든 승려는 도와주겠다고 했다. 승려는 노파를 등에 업고 강을 건넜다. 승려는 조심스럽게 노파를 강가에 내려놓고는 작별인사를 고한 후 가던 길을 계속 갔다.

스승의 곁에서 걷던 젊은 승려는 조금씩 화가 났다. 그는 성을 내며 말했다.

"스승님께서는 어떤 이유로든 절대로 여성을 만져서는 안 된다고 가르치셔 놓고, 조금 전 노파를 업었으니 중요한 가르침을 스스로 어기셨습니다. 어떻게 그럴 수 있습니까? 저는 이제 스승님과 스승님의 가르침에 대한 신뢰를 잃었습니다."

걸음을 계속할수록 젊은 승려의 마음은 더욱 괴로워져만 갔다. 스승에 대한 분노와 비난이 마음에 가득한 탓에 아름다운 날씨를 즐길 수도 없었다.

한참 동안 제자의 분노어린 비판을 듣고 있던 스승은 차분하게 말했다.

"나는 그 여인을 강가에 두고 왔다. 그런데 너는 어째서 아직도 그 여인을 등에 지고 있는 것이냐?"

우리는 내려놓을 수 있는 원망의 짐을 굳이 이고 산다. 이는 마음의 평안을 방해할 뿐 아무 쓸모가 없다. 특히 오랜 과거 속 깊고 고통스러운 상처에서 비롯된 원망은 흘려보내기가 결코 쉽지 않다. 오래된 상처를 향한 집착을 내려놓으려면 자기 연민과 인내심이 필요하다. 한편, 마음속 짐을 내려놓기 위해 가장 먼저 해야 할 일은 우리가 등에 이 짐을 지고 있다는 사실부터 인식하는 것이다. 지금 당신이 품고 있는 마음의 짐은 무엇인가?

앞날 걱정하기: 최악의 상황을 예상하지 말자

나쁜 일이 벌어질까 걱정하는 마음에 사로잡히기가 쉽다. 불확실한 미래에 대한 두려움은 우리들의 주된 스트레스 요인이다. 너무도 많은 것이 정해지지 않았기 때문이다. 학교, 직업에 대한 걱정, 연인과의 관계가 앞으로 어떻게 흘러갈지 불안한 마음 등이 의식의 대부분을 차지해 만성적인 불안과 스트레스를 불러온다. 미래를 향한 걱정에 맞서는 데 가장 좋은 방법은 현재의 순간에 자신의 의식을 붙잡아 두는 법을 배우는 것이다.

스텔라는 미래에 대한 불안에 시달렸던 이야기를 들려주었다. 그녀는 영문학 전공자로서 긴 분량의 페이퍼를 제출해야 할 때가 많았는데, 그때마다 극도의 불안감에 시달렸다. 과제 작업을 위해 자리에 앉아 컴퓨터 모니터를 바라보면 이런 생각이 들었다.

'정말 너무 싫다. 이걸 언제 다 써내지? 낙제할 게 뻔해. 그러면 제때 졸업도 못 할 거야. 내가 졸업을 못하면 부모님도 지원을 끊으실 텐데. 결국 나는 홈리스가 되고 말겠군.'

스텔라는 걱정에 지나치게 사로잡힌 나머지 우울해졌고, 과제에도 집중할 수가 없었다.

끔찍한 스토리가 머릿속을 가득 메우는 그 순간에 그녀가 실제 경험하고 있는 것은 무엇이었을까? 평소 스텔라는 글을 쓸 때 편안한 옷을 입고 편안한 의자에 앉아 손가락으로 가볍게 키보드를 두들겼다. 이 중 아무것도 고통을 일으키지 않는다. 배고픔도 출혈도 없다. 스텔라가 처한 현실은 물리적으로 불편하거나 위험한 일이 전혀 없었음에도 그녀는 괴로움을 느꼈다. 괴로움의 원인은 곧 불행이 닥칠 거라는 생각이 그녀의 마음을 집어삼킨 탓에 걱정이 생겨났기 때문이었다.

얼마간 마음챙김을 수련한 후 스텔라는 과제를 작업하는 것이 한결 쉬워졌다. 마음이 홈리스가 될 최악의 미래를 상상할 때면 그녀는 호흡과 키보드를 두드리는 손가락의 느낌처럼 신체적 감각에 자신의 의식을 되돌렸다. 현재에 의식을 집중한 뒤로는 미래에 대한 두려움이 점차 자취를 감추었고, 그녀 안에 내재된 창의력이 발현될 여유가 생겨났다.

수행 팁 ◇ 명상을 하는 동안 여러 생각이 스칠 때는 이에 맞서는 대신 길거리 벤치에 앉아 지나가는 사람들을 바라보듯 호기심 어린 눈으로 생각을 지켜봐야 한다. 한심한 사람, 위협적으로 보이는 사람, 따분한 사람 등 길을 지나가는 사람들은 저마다 다르다. 표정이나 외모가 마음에 들지 않는다고 해서 낯선 사람 앞을 가로막아 서지는 않을 것이다. 그저 지나가게 내버려둔 후 그 뒤에 오는 사람에게 자연스럽게 시선을 둘 것이다. 당신의 생각도 이렇게 대해야 한다.

어느 곳에 주의를 집중할 것인가

이 세상에서 우리가 통제할 수 있는 일은 얼마 없지만, 적어도 자신의 주의를 어느 곳으로 향할지는 선택할 수 있다. 현재의 순간에 집중하고 의식을 확장해 큰 그림을 보는 것은 부정 편향을 방지하고 스트레스를 낮추는 데 효과적인 전략이다. 명상을 하며 현재의 순간을 알아차리는 연습을 하면 가장 필요한 순간에 현재에 머물며 침착함을 유지하는 힘을 발휘할 수 있다.

욕심과 분노는
자연스러운 감정이다

생각하는 마음의 속에서 일어나는 부정 편향에서 비롯된 몇몇 사고 패턴은 주의하지 않으면 특히나 문제를 일으킨다. 실로 이 사고 패턴들은 붓다가 인간 번뇌의 근원이라고 지적한 것이기도 하다. 상당히 위험한 것처럼 느껴지지 않는가?

탐욕, 분노, 어리석음

붓다는 2,500년 전, 지금의 네팔에서 고타마 싯다르타 Guatama Siddhartha라는 이름으로 태어났다. 부유한 왕자로 태어난 그는 모든 재물을 거부하고 인간이 느끼는 번뇌의 원인을 밝히고 그 해결책을 찾는 데 평생을 바쳤다.

몇 년의 명상과 숙고 끝에 붓다는 마음의 세 가지 성질로 인해 대부분의 고통이 시작된다는 것을 깨달았다. 탐욕(욕심), 분노(증오), 그리고 어리석음이다(불교에서는 이 세 가지 번뇌를 가리켜 탐진치, 즉 탐욕심, 진에심, 우치심이라고 한다-옮긴이).

붓다는 인간이 갖고 싶지만 갖지 못한 것(돈, 명예, 섹스, 더 높은 성적, 더 나은 직장 등)과 이미 갖고 있지만 잃을까 두려운 것(돈, 명예, 멋진 여자친구, 좋은 성적, 멋진 직장 등)에 집착한다는 것을 깨달았다. 이 모든 것이 바로 탐욕이다.

탐욕 뒤에는 분노가 있다. 우리가 원치 않는 것(고통스러운 감정, 몸무게가 느는 것, 놀고 싶지만 할 일이 있는 것, 미지근하게 식은 커피, 줄 서서 기다려야 하는 상황 등)에 집중할 때 생기는 감정이다. 탐욕과 분노 사이를 오간다면 행복이나 만족을 느끼는 것이 불가능해지고, 자신이 바라는 것은 더 많이 얻되 원치 않는 것은 덜고자 끊임없이 발버둥친다.

어리석음은 탐욕이나 분노보다 설명하기가 까다로운 성질로, 간단히 말하면 행복과 고통의 근원을 잘못 이해하고 있음을 의미한다. 세상의 모든 것을 얻으면 행복해질 거라는 어리석음에 빠져 진짜 문제, 즉 자신 안의 탐욕과 분노를 해결하기 위한 노력을 기울이지 않는다.

정확히 밝히자면, 어떤 것을 원하고 어떤 것을 원치 않는 마음은 '나쁜' 것도, '틀린' 것도 아니다. 사실, 이런 마음은 지극히 보편적이므로 아주 정상적이라고 볼 수 있다. 모두가 항상 이런 마음을 갖는다. 그럼에도 이런 마음을 바로 보고 덜 수 있다면 우리의 고통도 줄어들 것이다.

늘 더 나아지기만 바란다면

무엇을 어떻게 해야 더 나아질 수 있을지를 생각해내는 마

음의 섬세한 능력이 탐욕과 분노의 원천이다. '이게 뭐가 문제란 것일까'라는 의문이 들 수도 있다. 더 나은 것을 만드는 궁리는 인간이라는 종이 번성할 수 있었던 원천 아닌가? 따뜻한 물로 샤워를 하고, 전화선이 아닌 광케이블 모뎀으로 인터넷에 접속하는 것도 이 덕분이 아닌가? 모두 맞는 말이지만, 항상 더욱 나은 것을 바라는 마음을 감시하지 않는다면 만성적인 불만의 원천이 되기도 한다.

'어떻게 하면 더욱 나아질까'만 생각하면 자신이 무엇을 갖고 있든 늘 부족하게 느껴지기 마련이다. 무엇을 성취해도 행복이 그리 가지 않는다. 코리는 웃으며 이렇게 말했다.

"아, 잘 알죠. 꽤 괜찮은 자리에서 스포츠 경기를 볼 수 있어 신이 났는데, 조녀선이 저보다 좋은 자리에 앉아 있더라고요. 그걸 보고 나니 '나도 코트에 좀 더 가까이 앉고 싶다'는 생각이 들었죠."

이런 마음이 더 고통스럽게 펼쳐지는 상황도 자주 접한다. 데니스는 듀크대 학생이 되고 나서 느낀 점을 털어놓았다.

"입학 허가가 났을 때 정말 기뻤는데, 막상 대학생이 되고 나니 더 똑똑해지고 더 날씬해지고 싶다는 생각만 하는 것 같아요. 대학에 입학하기만 하면 행복할 줄 알았는데 생각했던 것만큼 행복하지 않아요."

현재 상황이 아무리 멋져도, 자신이 똑똑하지 않다거나 매력적이지 않다는 데만 신경 쓰거나 어떻게 해야 상황이 더 나아질지 고민하면, 절대로 현실을 즐길 수 없다.

항상 더 좋은 것을 바라는 사고 패턴을 인지하고 나면 이런 생각을 꽤 자주 한다는 것을 깨닫게 될 것이다. '○○○만 해결된다면 완벽할 텐데'라는 생각을 해본 적이 있는가? 차가 만족스럽지 않을 수도 있고, 학점이 성에 안 찰 수도 있다. 남자친구가 있지만 더 멋진 남자를 바랄 수도 있다. 날씨가 너무 덥거나 너무 추운 것이 문제일 수도 있다.

물론 상황이 달라지길 바라는 마음이 꼭 문제가 되는 것은 아니다. 어디에 어떤 변화가 필요한지 찾아내는 것은 분명 유용하지만, 무엇이 달라져야만 한다는 데 지나치게 집착하면 당신의 삶에서 긍정적이고 가치 있는 것을 발견하기가 어려워진다.

쉬지 않고 애를 써도 늘 불안한 이유

마음이 탐욕과 분노에 사로잡히면 그 대상인 사람, 물건, 성취를 얻거나 없애기 전에는 결코 행복해질 수 없을 것만 같다. 이러한 미래 지향적 관점은 우리의 눈을 가려 현재 순간의 경험이 지닌 가치를 보지 못하게 만든다. 끊임없이 불만을 갖게 하고, 끝없이 노력하도록 만든다. 역설적이게도, 불안해하며 지칠 줄 모르고 애쓰기 때문에 오히려 간절히 바라던 결과를 얻지 못하기도 한다.

유명 운동선수들에게 마음챙김을 가르치는 조지 멈퍼드는 결과에 지나치게 집중하면 어떤 일이 벌어지는지를 지적한 바 있다. "승리에 너무 치중하면 원하는 결과를 달성하기 위해 해야 할 일에 집중할 수 없기 때문에, 어떤 것을 얻기 위해 너무 노력하면 오히려 실패하고 만다"고 그는 설명했다.

다시 말해, 이겨야 한다는 것에 얽매이지 않고 경기에 집중할 때 이길 확률이 커진다는 뜻이다. 게임에서 침착함을 유지한다는 것은 현재 벌어지는 일에 주의를 기울인다는 뜻이다. 순간에 머물러야 앞으로 다가올 난관에 최상의 상태로 대응할 수 있다.

스포츠에만 해당되는 이야기가 아니다. 면접, 시험, 심지어 침실에서조차 자신이 바라는 최종 목표를 달성할 수 있을지 걱정하는 것이 아니라, 지금 이 순간에 벌어지는 일에 의식을 집중해야 더욱 나은 성과를 낼 수 있다. 마음챙김 수행으로 시험 성적이 오르고, 고정관념 위협stereotype threat의 폐해를 줄일 수 있는 것도 이런 이유에서 일 것이다(아래 과학 노트를 참고하길 바란다).

게임에서 승리하고 싶고, 직장을 구하고 싶고, 시험에서 좋은 성적을 받고 싶다는 마음이 문제는 아니다. 다만, 결과에 지나치게 사로잡힌 나머지 의식을 온전히 현재에 집중하지 못하고 바로 눈앞에 있는 일을 최선으로 해내지 못하는 것이 문제다.

과학 노트 ◇ 마음챙김은 작동기억, 집중력, 추론 능력 등 인지 능력을 향상시켜 성과를 높이는 데 도움이 된다. 이뿐 아니라 고정관념 위협을 크

게 낮춰 성과에 긍정적인 영향을 미친다. 고정관념 위협이란 자신이 속한 사회적 집단에 새겨진 부정적 고정관념이 사실이라 믿지 않음에도 그 고정관념에 지배당해 실력을 제대로 발휘하지 못하는 현상을 일컫는다. 이를테면, '남자들은 둔감해', '종교를 가진 사람은 과학을 잘 이해하지 못해' 같이 부정적인 고정관념을 불러일으키는 대화나 질문에 참가자들이 노출된 경우, 여성은 수학 시험과 체스에서 낮은 점수를 내고, 남성은 사회적 민감성 테스트에서 더 낮은 점수를 기록하며, 기독교인은 과학 적성 검사에서 더욱 낮은 성과를 보인다. 다행스럽게도 마음챙김 수행이 고정관념 위협의 부정적 효과를 낮출 수 있다(베거 외, 2012).

누구나 자신의 능력을 최대치로 발휘하는 데 걸림돌이 되는 고정관념 위협에 발이 묶여 있다. 마음챙김이 이 문제를 말끔히 해결해줄 만병통치약은 아니지만, 고정관념 위협 속에서도 우리가 높은 집중력으로 최선을 다할 수 있도록 만들어준다는 점에서 분명 도움이 된다.

명상은 탐욕을 눌러준다

결과에 지나치게 얽매이지 않아야 한다는 말이 목표를 가져서는 안 된다는 뜻은 아니다. 목표와 계획은 제 나름의 유용한 역할이 있다. 우리의 삶을 체계화시키고, 우리가 향하고자 하는 대략적인 방향을 설정해준다. 자신이 성취하고 싶은 게 무엇인지 고민해야 하는 순간이 있고, 목표를 좇으며 의식을 현재의 순간에 집중해야 하는 순간이 있다. 마음챙김을 바탕으로 목표에 접근할 때 이 둘 사이를 균형 있게 오갈 수 있다.

탐욕과 분노는 보편적이고도 자연스러운 속성이므로 없애려 들어선 안 된다. 또한 이런 지극히 정상적인 마음이 든다고 해서 자신을 비판하는 데 시간과 에너지를 쏟아서도 안 된다. 한편, 마음챙김 명상은 끊임없는 갈구로 인해 발생하는 혼란을 줄일 수 있다. 명상은 지속적인 갈망에 균형을 잡아주는 두 가지 중요한 요소, 즉 지나치게 애쓰지 않는 태도$^{non-striving}$와 감사하는 마음을 길러준다.

지나치게 애쓰지 않기

애쓰지 않는다는 것은 탐욕의 반대 개념으로, 어떤 식으로도 바꾸거나 개선하려 하지 않고 매 순간을 수용하기 위해 노력하는 태도를 말한다. 존 카밧진은 "명상이란 무위$^{non-doing}$를 행하는 것으로, 애쓰지 않는 태도를 함양한다는 데서 다른 어떤 행위와도 다르다"고 말했다. 마음챙김은 우리가 행위하는 인간$^{human\ doing}$이 아니라 존재하는 인간$^{human\ being}$이라는 점을 가르쳐준다.

명상을 하며 애쓰고자 하는 본능을 마주하기까지 그리 오래 걸리지 않는다. '명상이 좀 더 편안했으면 좋겠다, 덜 지루했으면 좋겠다, 빨리 끝났으면 좋겠다'는 생각이 드는 순간, 즉 탐욕이라는 습성이 자리하는 순간을 마주하게 될 것이다. 마음이 평온하고 여유롭길 바라는 마음(탐욕), 주의가 산만해지지 않았으면 좋겠고 동요하지 않았으면 하는 마음(분노)은 명상을 할 때마다 거의 매번 찾아온다. 이러한 생각이나 감정에 응답하지 말고 그저 관찰하면서 애쓰지 않는 태도를 길러야 한다. 관찰하는 마음으로 반응하지 않은 채 그저 주시하면, 명상을 할 때나 평상시에도 이런 생각과 감정은 점차 희미해져 갈 것이다.

감사하는 마음

삶에서 겪는 좋은 일에 의식적으로 감사한 마음을 갖는 것은 탐욕으로 인해 생긴 불만에 맞서는 다른 방법이다. 명상을 통해 당신이 갖지 못한 것에 신경 쓰는 만큼 소유한 것도 자각하게 되는 덕분에 감사하는 법을 깨우치게 된다. 앞에서 등장했던, 남들보다 빈곤하지만 충만함과 행복함을 느끼는 난민 이야기를 기억하는가? 그는 자신의 삶에 있는 좋은 것들에 집중하는 법을 알고 있었다. 나를 포함해 대다수의 사람들이 이런 사고방식을 갖추려면 연습이 필요하다. 부단한 노력을 통해 우리 삶 속의 긍정적인 부분에 집중하는 법을 배우지 않으면 고통의 수렁에 매몰될 위험이 크다. 코루에서 매일 감사함을 느끼는 일 두 가지를 적도록 하는 것도 이런 이유에서다. 감사 일기는 부정 편향을 상쇄시켜 그리 좋지 않은 일뿐 아니라 좋은 일도 자각하도록 돕는다. 만약 감사 일기를 중단했다면 다시 꺼내어 지금 바로 감사한 일 두 가지를 기록하자.

과학 노트 ◇ 로버트 에몬스Robert Emmons는 감사함을 연구하는 데 매진한 인물이다. 그의 연구를 통해 감사 일기에 여러 가지 이점이 있다는 것이 밝혀졌다. 단 몇 주 간만 자신이 감사함을 느꼈던 일을 규칙적으로 기록하면 행복감, 건강, 사교성, 긍정성이 높아지고 외로움은 줄어든다. 감사함은 인간관계에서도 큰 힘을 발휘한다. 에몬스는 "감사 일기를 적는 사람들은 타인에게 더욱 친밀하고 깊은 유대감을 느꼈고, 타인을 더욱 돕고자 했으며, 실제로도 배우자들에게서 많은 도움을 준다는 평가를 받기도 했다"고 밝혔다. 이를 미루어 감사함을 기른다는 것은 그리 어렵지 않은 일이지만 굉장한 보상이 주어진다고 볼 수 있다.

꾸준히 수행한다

명상을 꾸준히 수행하면 끊임없이 요동치는 욕망을 깨닫고, 어떠한 욕망을 따라야 할지 가려낼 분별력을 키울 수 있다. 이뿐만 아니라 균형을 지키며 목표를 좇고 더욱 큰 만족감을 얻도록 해준다. 이것만 봐도 마음챙김 근육을 단련하기 위해 기꺼이 시간을 할애할 가치가 있어 보인다. 만약 지난 며칠간 명상을 하지 못했다면 오늘, 바로 지금 다시 시작해야 한다. 수행을 다시 시작하기에 늦은 때는 없다.

　다음 장에서는 다른 사고 체계와, 바로 우리를 고통에서 구원해줄 수용을 배워보자.

받아들이면
편안해진다

삶에서 느끼는 고통은 대부분 끊임없는 갈망이 충족되지 않아서 실망할 때 비롯된다. 솔직히 말하면, 우리는 살면서 숨이 멎을 만큼 아름다운 순간을 경험하기도 하지만, 상실과 실패를 마주할 때도 있다. 전반적인 행복도는 '아름다운 순간을 얼마나 많이 경험했는가'보다 '힘든 순간을 어떻게 마주했는가'에 따라 결정된다.

나쁜 일을 마주할 때 잘 대처하는 비결은 바로 수용이다. 어떤 순간이 더 나아지길 바라거나 어떤 일이 달라지길 바라는 것이 탐욕과 분노라면, 수용은 매 순간을 그대로 받아들이며 최선의 방법을 찾는 것이다.

고통에 저항하면 괴로움이 커진다

원치 않은 일이 발생하면 고통을 느낀다. 더구나, 고통에 저항하면 괴로움은 더욱 커진다. 명상 지도자인 신젠 영Shinzen Young은 다음과 같은 공식을 들어 설명한다.

$$고통 \times 저항 = 괴로움$$

어렵고, 불쾌하고, 슬프고, 두려운 일이 발생할 때 고통이란 감정이 생긴다. 사람은 고통을 피할 수 없다. 저항은 고통에서 벗어나기 위한 모든 노력을 뜻한다. 깊은 수준의 분노라고 이해할 수 있다. 저항은 보통 이런 식으로 흘러간다.

'불공평해. 왜 맨날 나한테만 이런 일이 벌어지는 거야? 내 잘못이 아니야. 내게 그런 식으로 말을 하면 안 되지!'

안타깝게도 저항은 고통의 강도를 높이고 지속 시간을

늘리기만 한다.

수용은 능동적인 알아차림이다

고통을 피할 수는 없지만, 수용을 통해 고통이 더 깊은 괴로움으로 번지는 것은 피할 수 있다. 수용은 현재 순간을 그대로 바라보는 마음 상태다. 수용을 통해 우리는 고통, 슬픔, 분노를 실제보다 과장하지 않고 그 자체로 느낄 수 있다.

　엄밀히 말하면 여기서 내가 말하는 수용은 실망스러운 일 앞에서 포기하거나 수동적인 태도를 보이는 것과는 다르다. 수용에는 수동적인 면이 조금도 없다. 상당히 능동적인 수준의 알아차림으로 우리를 현명한 행동으로 이끈다. 수용은 당신의 발목을 잡는 것이 아니라 당신에게 헤쳐나갈 힘을 준다.

수용이 아닌 것들

무엇이 수용이고, 무엇이 수용이 아닌지 명확히 이해하는 것이 중요하다. 수용은 어떤 것을 좋아하거나, 동의하거나, 수동적인 태도로 체념하는 태도가 아니다. 이 차이를 조금 더 자세히 설명해보겠다.

수용은 그 대상을 좋아하는 것이 아니다

산티아고는 이렇게 말했다.

"룸메이트가 맨날 늦게 들어와서 밤에 시끄럽게 해요. 걔 때문에 여러 번 잠을 깼는데도 저한테 미안하다는 소리 한 번 안 하는 게 정말 짜증이 났어요. 이해해보려고는 하지만 솔직히 말해 정말 맘에 안 들어요."

산티아고도 다른 사람들처럼 수용과 인정을 착각하고 있었다. 잠을 방해하는 룸메이트의 행동을 수용하기 위해서 반드시 그 행동을 좋아하거나 인정할 필요는 없다.

상대의 행동을 수용한다는 것은 현실을 제대로 인식한다는 뜻이다. 실제로 어떠한 일이 벌어졌고, 그로 인해 자신에게 어떤 문제가 발생했는지 명확히 파악하는 것이다. 산티아고는 수용을 분명히 깨닫고 나자 무엇을 어떻게 하고 싶은지 진지하게 고민할 수가 있었다.

　룸메이트도 자기 행동이 내게 피해를 준다는 것을 알고 있는가? 나는 룸메이트와 대화를 하길 원하는가? 그렇다면 이 문제에 대해 어떻게 대화를 시작하는 게 가장 좋은 방법일까? 귀마개를 사는 것이 나을까? 아니면 일단은 모른 척하면서 상황이 나아지길 기다리는 게 좋을까? 문제를 모른 척하다가는 원망만 쌓여서 결국 관계가 나빠지지 않을까?

　이렇게 어떠한 문제를 두고 깊이 생각하며 다양한 선택지를 고민하는 것이 산티아고가 맞닥뜨린 문제의 해결책을 찾는 데 도움이 된다. 그러나 이 중 어느 것도 산티아고가 룸메이트의 행동을 좋아해야 한다는 내용은 없다.

수용은 동의하는 것이 아니다

하라시가 코루 수업 때 자신의 사연을 털어놓았다.

"엄마와 나는 데이트 문제로 항상 다퉈요. 엄마는 제가 인도 남자만 사귀어야 한다고 생각하거든요. 전 엄마 말을 들을 생각이 없고요."

내가 말하는 수용은 하라시가 '인도 남자를 사귀라는 제안에 동의해야 한다'는 것이 아니다. 다만 하라시가 엄마와의 다툼을 그만하면 상황은 분명 개선될 것이다. 다툼을 멈추기 위해서 하라시가 가장 먼저 해야 할 일은 '엄마의 의견은 바뀌지 않는다'는 사실을 수용하는 것이다. 또한, 자신이 선택한 사람을 인정하지 않는 엄마를 보며 자신의 기분이 상하리라는 것을 수용해야 한다. 그런 뒤에야 하라시는 결정을 내릴 수 있다. 원하는 사람과 데이트 할 자유를 누리기 위해 엄마가 전해주는 불편한 감정을 견딜 의지가 있는가? 온전히 하라시가 선택하기에 달렸다. 수용을 통해 하라시는 다른 문화권의 남자와 데이트를 반대하는 엄마의 의견을 바꾸려고 애쓰기보다는 차라리 엄마의 반대에 맞서 자신의 감정을 다스리는 데 에너지를 쏟는 것이 현명하다는 판단을 할 수 있다.

하라시가 엄마의 의견에 동의할 필요는 없다. 두 사람의 관점이 다르다는 것을 수용하면 된다. 또한 엄마를 미워할 이유도 없다. 자신이 바라는 대로 상대가 반응하지 않는다고 화를 내기보다는, 상대를 그대로 받아들여야 한다. 그래야 사랑하는 사람과 의견이 부딪칠 때 침착하고 친절하게, 그러나 단호하게 반대 의사를 표현하는 법을 깨우칠 수 있다.

수용은 수동적인 체념이 아니다

클라이드는 2014년, 무장하지 않은 흑인 남성들이 경찰에 의해 목숨을 잃은 사건으로 촉발된 여러 시위에 참여했다. 그는 코루 수업 시간에 이렇게 말했다.

"'이런 일이 벌어졌구나' 하고 그냥 넘어간다면 아무것도 바뀌지 않을 겁니다. 전 수용에 반대해요."

클라이드는 에크하르트 톨레가 수동적인 체념passive resignation이라고 일컬었던 개념과 수용을 착각했다. 많은 사람이 혼동하는 지점이기도 하다.

수용은 포기와는 전혀 다르다. 수용은 어떤 식이든 잔혹한 행위나 부당함에 동조하거나 체념하는 것이 아니다. 오히려 부당한 현실을 인지하고, 그런 뒤 실질적인 변화를 이끌기 위해 현명하게 행동하는 것이다. 수용 덕분에 현실을 명확하게 인식하고 효과적인 해결책을 찾을 수 있을지도 모른다. 수용은 이것이 승리를 위한 최선의 방법은 아니라는 점을 깨닫고 문제를 해결하기 위해 새로운 접근법을 찾는 것이지, 사회 정의를 구현하기 위한 노력을 포기한다는 것은 아니다.

유연하지 못한 생각에 빠져 있다면 수동적 체념은 이런 식으로 발현될 것이다.

'이런, 어쩌나. 벗어날 수 없게 되었네. 평생 이렇게 지내야 할 것 같아.'

수용은 이렇게 전개된다.

'지금 이 상황이 마음에 들지 않지만 꼼짝도 할 수 없네. 자, 이제 뭘 할 수 있을까?'

수용은 선택이 아니다

어떠한 상황을 수용하기로 선택하는 것이 아니다. 수용은 행위다. 의식을 현재로 가져와 이 순간에 무엇이 진실인지 인식하는 행위다. 의식을 현재에 머물게 하고 기꺼이 진실을 바라보는 순간 수용을 행하는 것이다. '무엇이 어떠해야만 한다'거나 '어떻게 되길 바란다'는 생각을 떨치고 순간의 현실을 인정할 때 수용을 행하는 것이다. 수용은 '난 이게 싫어' 또는 '불공평해'라는 생각에서 벗어나 '지금 가장 합리적인 방법이 무엇일까?'를 고민하는 행위다.

———

받아들이고 나면 곧장 나아간다

———

맥신은 이튿날까지 제출해야 했던 복잡한 프로젝트를 마감하던 중에 컴퓨터가 고장 나는 사건이 벌어진 후 수용이 고통을 줄인다는 의미를 진정으로 이해했다고 고백했다. 맥신이 작성했던 리포트는 사라졌고 복구할 수 없었다. 그녀는 이렇게 말했다.

"패닉에 빠져 울었어요. 진짜 너무 끔찍한 일이 벌어졌다는 생각 말고는 아무것도 떠올릴 수가 없었죠. 리포트를 다시 써야 한다는 상황이 고통스러웠지만, 결국 이것 말고는 다른 선택지가 없다는 것을 깨달았어요. 밤새 눈물만 쏟든가, 아니면 처음부터 다시 써야 하는 현실을 받아들이든가,

이것밖에 없었죠. 그래서 다시 쓰기 시작했어요. 마음을 진정시키기 위해 몇 분 동안 호흡을 관찰했어요. 진정하고 나니 여기저기에 제가 리포트를 일부나마 저장했다는 사실이 떠올랐고, 바로 작업을 시작했죠.

과제를 다시 하는 동안 한 번씩 '왜 맨날 이런 일이 벌어지는 걸까?' 하며 내 자신이 불쌍하다는 생각이 들었어요. 그럴 때면 '어쩔 수 없지' 하고 말하고는 깊이 심호흡을 하고 과제를 계속했어요. 정말 힘들었지만 결국 완성했고, 비교적 평온하게 대처할 수 있었어요."

맥신은 자신에게 벌어진 일을 결코 좋아하지 않았지만, 자신의 운명을 저주하는 데 귀중한 시간과 에너지를 낭비하지도 않았다. 그녀는 수용하고 계속 나아갔다.

———

수용은 현실의 진실을 인정하는 것

———

불만을 터뜨리는 딸에게 "수용하는 법을 연습할 기회구나"라고 대꾸하면 딸아이는 짜증을 낸다. 약 올리는 것처럼 들리겠지만, 사실 당신 뜻대로 일이 되지 않는다는 것을 인식할 때가 수용을 연습할 좋은 기회다. 현재 상황에 대한 진실을 인정하기만 해도 수용을 수행하는 것이다. 좋아하거나 동의하거나 체념하기로 결심하지 않아도 된다. 그저 이것이 어찌할 수 없는 현실이라는 사실을 깨닫는 것이다.

맥신이 리포트를 날렸을 때 느꼈던 좌절감, 지원했던 대학원에서 불합격 통보를 받았을 때 드는 실망감, 사랑하는 부모님이 돌아가실 때 느끼는 아픔 등 어떻게 해도 고통을 피할 수 없는 때가 있다. 이런 순간에는 짜증, 수치심, 깊은 슬픔 등 모든 감정을 연민 어린 태도로 받아들여야 한다. 자신이 처한 현실이 무엇이든 그것을 수용하기를 거부하면 괴로움만 더욱 커진다. 아무리 고통스러운 순간도 영원히 지속되지는 않는다. 자신을 따뜻하게 대하고 인내심을 갖는다면, 난관을 어떻게 극복하는 것이 최선인지 명확해질 것이고 그에 따라 괴로움도 점차 잦아들 것이다.

명상으로 수용 훈련하기

탐욕의 해독제인 수용은 마음챙김 명상으로 이를 수 있다. 명상 중에 변화를 원하는 마음이 생기는 것을 자각할 때마다 호흡의 느낌으로 의식을 되돌리는 것이 바로 수용을 수행하는 것이다.

명상을 하는 동안 '자유시간이 더 많았으면 좋겠다'는 바람처럼 어떤 상태를 더욱 원하거나, '일이 줄었으면 좋겠다'는 바람처럼 어떤 일이 덜어지길 원하는 마음이 들 때가 있을 것이다. 또는 '삶이 불공평하다'거나 '그 일은 내 잘못이 아니었다'는 생각이 찾아올 수도 있다. 이러한 생각이 든다는 것은 당신이 저항한다는 방증이다. 상황이 달라지길 바라거나 현실에 저항하고 있음을 알아차린 후 의도적으로 의식을 다시 호흡에 집중하면 그것이 바로 수용을 수행하는 것이다.

명상을 하며 '여자 친구와 헤어지지 않았다면 얼마나 좋을까'처럼 당신이 바라는 것에 강력한 정서적 끌림이 동반

되는 경우, 줄줄이 이어지는 생각을 거듭 반복해 놓아주는 연습을 하는 기회가 될 수 있다. 명상 중에 반복적으로 수용의 기술을 수행하면, 일상생활에서 수용이 간절히 필요한 순간 이 힘을 쉽게 발휘할 수 있다.

수행 팁 ◇ 명상 중에 어려운 문제에 대항하거나 저항하는 생각이 들 때면 마음속으로 '어쩔 수 없는 일이다'라고 말한 뒤 인내심과 연민을 갖고, 앉아 있다면 자신의 호흡으로, 걷고 있다면 자신의 발로 현재의 닻이 되어주는 대상으로 의식을 가져온다.

수용은 분명 연습이 필요한 일이고, 명상은 수용을 연습하기에 가장 좋은 방법이다. 지금 마음챙김 기술 중 하나를 10분 동안 바로 수행하길 바란다.

다음 장에서는 수용이 회복력을 어떻게 불러오는지 살펴보자.

역경과 스트레스에서
회복하는 법

명상의 멋진 점 하나는 바로 배우기가 어렵고 까다롭다는 점이다. 이게 왜 멋지냐고? 적당한 수준의 난관은 실제로 당신에게 도움이 되고, 특히 어렵고 스트레스가 많은 경험을 통해 성장하고 배울 수 있기 때문이다. 니체Nietzsche의 말을 인용하면 "당신을 죽이지 못한 것이 당신을 더욱 강하게 만든다."

오뚝이처럼 다시 일어서는 힘, 또는 어려움을 뚫고 나아가는 힘을 회복력resilience이라고 한다. 마음챙김이 회복력을 길러주는 이유는 마음챙김 자체가 우리에게 필요한 만큼만

고난을 주기 때문이고, 삶에서 피할 수 없는 난관에 좀 더 생산적인 방향으로 접근하는 법을 가르쳐주기 때문이다.

———

스트레스가 당신을 강하게 만든다

———

미국의 불교학자이자 명상 연구자 길 프론스달Gil Fronsdal은 어려움에 대처하는 법을 이해하기 쉬운 은유로 설명한 바 있다. 두 뱃사공이 같은 호수를 건너되, 각기 다른 날짜에 상당히 다른 조건에서 건넌다고 생각해보자. 첫 번째 뱃사공은 눈부시게 고요한 날에 호수를 건넜다. 그녀는 빠르고 무난하게 물을 가로질렀다. 호수를 건너는 내내 즐거웠지만, 딱히 대단한 노력을 들이지는 않았다. 두 번째 뱃사공은 폭풍우가 몰아치는 날에 호수를 건넜다. 바람이 거세고 물살이 매서웠다. 힘들고 지치는 싸움이었으나 결국 호수를 건너는 데 성공했다.

첫 번째 뱃사공은 자신의 역량에 만족하겠지만 험난한 날씨에는 준비가 되어 있지 않을 터이다. 두 번째 뱃사공은

'더 잘할 수 있었는데' 하는 후회가 남았겠지만 악천후 속에서도 배를 몰 수 있다는 자신감을 얻었다.

어려운 일을 마주할 때마다 난관을 이겨낼 기술과 자신감이 조금씩 커진다. 잔물결이든 큰 너울이든 삶이 한 번씩 일으키는 파도를 타고 나아가는 능력과 다시 일어서는 힘이 점차 강해진다. 켈리 윌리엄스 브라운Kelly Williams Brown은 젊은 세대가 책임감 있는 성인으로 자라기 위해 알아야 할 것들을 책으로 엮었다. 그녀는 《어른이 된다는 것Adulting》에서 삶에서 마주하는 예상치 못한 난관에 대해 이렇게 적었다.

"친구 결혼식에 참석하러 가는 길에 고속도로에서 차가 고장 나거나, 구직 면접 직전에 옷에 커피를 쏟는 등 예상치 못한 사건이 사소하고 단기적인 고통을 불러올 때가 있다. 또 때로는 오래 진행 중인 질병이나 사랑하는 이의 죽음처럼 거대하고 장기적인 슬픔을 남길 때도 있다. 그러나 어떤 종류의 난관이든 당신은 잘 이겨낼 수 있다. 적어도 어른처럼 행동할 수 있다."

어떤 일이든 당신에게 닥칠 일을 잘 해결할 수 있다는 브라운의 확신 어린 말은 당신 안에 회복력이 힘을 발휘할 거라는 의미다.

과학 노트 ◇ 마크 시어리Mark Seery와 동료 연구진은 "적절한 수준이라면, 우리를 죽이지 못하는 일은 실제로 우리를 강하게 만든다"는 사실을 뒷받침하는 증거를 발견했다(시어리, 호먼, 실버, 2010). 이들은 역경이 개인의 행복과 삶의 만족도에 어떠한 영향을 미치는지 연구했다. 어려움을 가장 적게 겪었던 이들의 행복과 만족도가 높을 거라고 생각하겠지만, 결과는 달랐다.

높은 수준의 스트레스는 누구에게나 부정적으로 작용했지만, 적절한 수준의 역경(사랑하는 이의 죽음, 질병, 폭력에 노출 등 부정적인 사건을 평생 동안 여섯 번에서 열두 번 정도 경험한 경우)을 겪은 사람들의 결과가 가장 좋았다. 역경을 아주 적게 겪거나 전혀 그런 경험이 없는 사람들과 비교해봤을 때 적절한 수준의 스트레스를 경험한 사람들은 괴로움, 개인의 능력 손상 정도가 가장 낮았고 삶의 만족도는 가장 높았다.

물론 심각한 수준의 트라우마는 모든 이에게 부정적인 영향을 끼치고 그정도가 어린 아이들일 때 더욱 심하겠지만, 적절한 수준의 역경을 이겨낸 경험은 우리에게 이롭게 작용한다. 앞으로 삶이 자신을 가만두지 않는다는 생각이 들 때면, 인내심을 갖고 역경을 통해 자신의 회복력이 더욱 강해질 거라고 여기길 바란다.

명상은 회복력을 키운다

다행인 것은 명상이 알맞은 정도와 방식으로 우리에게 난관을 제공하기 때문에, 회복력을 키우기에 훌륭한 도구가 된다는 것이다. 명상이 어려운 일부 이유는 현재 순간에서 벗어나 생각의 강물을 따라 흘러가는 마음을 다시 붙잡는 것이 쉽지 않은 탓이다. 관찰하는 마음의 힘으로 몇 번이고 강물 속에서 나와 다시 강둑 위에 오른 뒤 생각하는 마음이 하는 모양을 연민 어린 수용의 태도로 지켜볼 때마다 인내심과 집중력, 끈기를 갖고 지속하는 힘이 점차 강해진다.

명상이 어려운 다른 이유는 생각의 강을 들여다볼 때 물 위에 떠다니는 불편한 생각들을 제법 발견하기 때문이다. 지루함, 분노, 슬픔, 불안 등 피할 수 없는 불편한 감정을 견디는 일은 어렵다. 그러나 수행을 계속할수록 관찰하는 마음의 힘이 강해지고, 감정에 반응하지 않고 그저 온전히 경험하는 것이 점차 쉬워질 것이다.

다양한 생각과 감정이 떠오른다는 것을 인식하게 되겠지

만, 결국 사라질 것들이다. 당신에게 찾아온 생각과 감정이 반드시 당신을 정의한다거나 통제해야 하는 것은 아니다. 당신의 강물 안에 걱정스럽고 고통스러운 생각과 감정만이 존재하는 게 아니라는 점도 보게 될 것이다. 그 안에는 기쁜 감정도 있고, 재미있고 일상적인 생각도 담겨 있다. 어떠한 순간의 전체적인 그림, 즉 좋고 나쁘고, 어느 쪽에도 속하지 않은 평범한 감정과 생각이 모두 담겨 있는 전경을 본다는 것은 너른 시각으로 순간을 인식한다는 뜻이다. 이렇듯 균형 잡힌 시각은 회복력을 높여 물살이 거세지는 순간에도 우리가 강물에 휩쓸리지 않도록 해준다.

———

피한다고 해결되지 않는 마음의 고통

———

요즘 시대에는 불편한 감정을 바꾸기가 쉬워졌기 때문에 이런 감정에서 완벽히 자유로운 삶을 사는 것이 가능하다고 믿을 수도 있다. 삶의 골칫거리 대부분을 잊게 해주는 전자기기들이 늘 주변에 있다. 줄을 서서 기다리다가 약간 지

루해질 때나, 파티에서 쑥스러울 때면 스마트폰을 확인하
며 불편한 감정을 해소할 수 있다.

알코올, 약물, 섹스도 회피의 훌륭한 수단이 된다. 삶이
불행한가? 술이든 약이든 취하면 된다. 외로운가? 소개팅
앱에서 잠깐 만나고 끝낼 상대방을 찾을 수 있다.

이러한 회피에 부작용은 없을까? 약간의 골칫거리를 항
상 회피하려 든다면 이후 겪게 될 대단한 심적 고통에 조금
도 준비가 되어 있지 않을 것이다.

불편함을 견디는 능력을 키운다

명상 중에 떠오르는 골칫거리와 심적 고통을 마주하는 것이
살면서 맞닥뜨릴 골칫거리와 심적 고통을 다스리는 데 큰
도움이 된다. 고요히 자리에 앉아 천천히 호흡하며 마음에
떠오르는 분노나 자기 비판적인 생각에 동요하지 않을 때마
다 불편함을 견디는 힘과 의지력을 키우는 것이다. 불편함
을 참는 능력을 기르는 것이 회복력을 높이는 비결이다.

반대 경우도 마찬가지다. 매번 불편한 감각이 찾아올 때마다 피하는 버릇을 들인다면 불편함을 참는 능력이 점차 줄어든다. 요즘 젊은 세대들은 자녀를 사랑하는 마음이 지나친 나머지 실패와 실망감을 느끼지 않도록 보호해주는 부모님을 둔 탓에 회복력을 갖추지 못했다는 이야기도 있다.

불편함을 견디는 능력은 감정을 담는 마법의 그릇으로, 이 그릇은 회복력 정도에 따라 작아지거나 커진다. 불편함을 참는 연습을 하지 않는다면 이 마법의 그릇은 에스프레소 커피잔만큼 줄어든다. 성적을 한 번 낮게 받으면, 상사로부터 싫은 소리를 들으면 감정이 작은 잔 밖으로 범람하고, 당신은 감정에 완전히 압도되어 꼼짝도 할 수 없는 지경에 이른다.

그러나 명상을 하는 동안 달갑지 않은 감각, 생각, 감정 등 불편함을 견디는 연습을 한다면 당신의 컵은 천천히 커진다. 머지않아 당신 앞에는 온갖 정서적 괴로움이 넘치지 않게 담아낼 커다란 카페라테 잔이 있을 것이다. 남자 친구와 싸우거나, 버스를 놓치거나, 회사에 지각을 해도 감정에 압도되지 않을 수 있다. 이것이 바로 강력한 회복력이다. 우아하게 파도를 타는 것이다.

수행 팁 ◇ 명상 중에 몸을 움직이고 싶거나 긁고 싶은 충동이 생긴다면 이를 불편함에 익숙해지고 적응하는 기회로 삼는다. 몸을 움직이기 전 세 번 느리게 호흡을 한 뒤 신체 중 어느 곳에서 이런 충동이 이는지, 만약 그저 지켜보면 이 충동이 어떻게 될지 꼼꼼하게 살핀다. 이 충동에 굴복하지 않고 호기심으로 지켜보면 충동이 달라지거나 약화될 수도 있다.

세상 모든 것은 일시적이다

헤라클레이토스^{Heraclitus}의 말처럼 변화만이 삶에서 유일하게 변하지 않는 것이다. 이미 오래전에 사망했지만 그의 말은 여전히 진리로 남아 있다. 지금 어떤 감정을 느끼든 얼마 지나지 않아 달라질 거라는 것만은 확실하다. 지금 벌어지고 있는 일은 곧 끝날 것이고 그런 다음에는 다른 일이 벌어질 것이다.

세상에 변치 않는 것은 없다. 아무것도 없다. 다른 일보다 오래 지속되는 일이야 있겠지만 모든 것이 일시적일 뿐이다. 태양을 중심으로 돌고 있는 이 아름다운 행성마저도 그렇다. 태양도 예외는 아니다.

당신이 경험하는 모든 일이 일시적이라는 것을 자각해야, 어려운 시기에 놓여 있더라도 인내심을 갖고 견딜 수 있다. 행복한 순간을 온전히 인식해야 한다는 사실을 잊지 않게 해준다. 기쁨과 마음의 평안을 당연하게 여기지 않아야 일상 속 작고 소중한 순간을 놓치지 않을 수 있다. 좋은 친구와의 대화, 크게 소리 내어 웃는 웃음, 제일 좋아하는 음식, 새의 지저귐 같은 것 말이다.

몇 달 전 코루 수업을 들었던 자마르를 얼마 전에 마주쳤다. 그는 여전히 명상을 계속한다고 말하며 명상 수행 덕분에 자신이 무엇이든 극복할 수 있다는 것을 깨달았다고 전했다. 그는 이렇게 말했다.

"고등학생 때 나쁜 일을 많이 겪었어요. 내 인생을 완전히 망가뜨릴 만한 일이요. 어느 순간에 이르자 이런 일이 점차 희미해졌고 이제 저는 그때의 일이 제 삶을 규정하지 않는다는 것을 알아요."

자마르는 명상 수행을 통해 가장 고통스러운 상실마저도 일시적일 뿐이고 결국 이겨낼 수 있다는 것을 이해하게 되었다. 이제 그는 실망스러운 감정에 압도될 때마다 '이건 일시적인 일이야. 난 무엇이든 극복할 수 있어'라고 되뇌며 자신의 회복력으로 이겨낼 수 있다는 믿음을 다진다.

스트레스 받는 순간에도 침착할 수 있다면

앞서 컴퓨터가 망가진 후 프로젝트를 다시 작성해야 한다는 현실을 수용한 후 '비교적 평온'해졌던 맥신을 기억하는가? 이 비교적 평온한 상태를 우리는 '평정'이라 부른다. 평정은 말로 설명하기는 조금 어려운 개념이지만 직접 경험하면 바로 알 수 있다. 마음이 열려 있고 안정된 평안의 상태로 마음챙김 수행으로 함양할 수 있다.

힙합의 거장이자 헌신적인 명상가인 러셀 시몬스는 평정을 "스트레스를 받는 순간에도 침착한 마음의 상태"라고 정의하며 무슨 일에도 동요하지 않고 "쿨하게" 행동하는 거라고 밝혔다. 시몬스는 "행복한 감정이든 슬픈 감정이든 평정 상태에 이르기 위해서는 그 감정에 얽매이지 않는 데 집중해야 한다"고 말했다. 그는 평정이란 감정이나 반응을 억누르는 것이 아니라, 오히려 이런 것들을 온전히 경험하고 흘러가도록 두는 것에 가깝다고 강조했다.

큰 그림을 보고 사소한 문제에 애쓰기를 멈추면 평정심을 기를 수 있다. 뒤로 멀찍이 물러나 우주 비행사의 관점으로 세상을 바라보는 것과 같다. 머리 위로 드리워진 먹구름 한 조각을 바라보기보다는 탁 트인 아름다운 하늘 전체를 보는 것이다. 살다보면 비바람 치는 날도 있고 청명한 하늘이 펼쳐지는 날도 있다. 평정이란 당신이 청명한 하늘을 선호하지 않는다는 이야기가 아니다. 당연히 맑은 날을 더 좋아할 것이다. 그러나 자신이 날씨를 통제할 수 없다는 것을 이해하고 그날의 날씨가 화창하든 비가 내리든 열린 태도로 최대한 즐기는 것이다.

———

명상을 하면 정말 마음이 편안해질까

———

탬은 이렇게 말했다.

"명상이 잘 안 맞는 것 같아요. 명상을 할 때 한결 침착해지기는 하지만 명상을 마치고 나면 몇 분 지나지 않아 다시 불안해져요. 침착함은 오래 가지 못하더라고요."

이제 막 명상을 시작한 사람들 가운데 극심한 불안, 걱정, 슬픔, 분노를 다스리는 법을 깨우치고 싶어하는 이들에게서 자주 듣는 이야기다. 명상이 마음의 평안을 한결같이 보장해주지 못하니 별 도움이 되지 않을 거라고 판단하며 그만두는 경우가 많다. 만약 당신도 이런 생각이라면 몇 가지 알아야 할 것이 있다.

첫째로, 명상을 하는 단 몇 분간만 고통이 줄어드는 것을 느꼈다고 해도, 그것만으로도 명상을 할 가치가 충분하다. 끊임없이 지속되던 긴장과 과도한 자극에 시달리던 신경계에 몇 분 동안 휴식을 준 것이나 다름없다. 신경계의 반응성을 낮추고 회복력을 높이도록 길들이는 데는 이 잠깐의 휴식도 큰 도움이 된다.

둘째로, 명상에 들인 누적 시간이 쌓일수록 명상할 때뿐 아니라 일상생활에서도 수행의 효과가 점차 발휘된다. 명상을 하며 불편한 감정을 견디는 수행을 일정 시간 한 후에는 평정에 이르는 때가 점차 늘어간다는 것을, 심지어 명상을 하지 않을 때도 가능하다는 것을 깨닫게 될 것이다.

이런 효과가 나타나기까지 얼마나 수련을 해야 하는지 알려주는 과학적인 데이터는 없다. 분명 사람마다 차이가 있을 것이다. 내 경험에 비추어 말하자면 10시간에서 20시간 정도 명상을 한 후에는 당신을 가장 힘들게 했던 감정 몇 가지를 다루는 것이 점차 수월해진다는 기분이 들 것이다. 긴 시간처럼 느껴지겠지만 하루에 두 번, 30분씩 명상을 수행하면 마음에 거대한 평화가 찾아오기까지 2주도 채 걸리지 않는다. 이 정도의 시간을 명상에 할애하기가 쉽지는 않겠지만, 사실 많은 사람이 하고 있다. 괴로운 감정에서 해방되길 진심으로 바란다면 시간을 들여 시도해볼 만하다. 거칠고 어두운 감정 상태에서 마음을 안정시키고 싶다면 앞에서 소개한 가타 명상이 도움이 된다.

어떤 종류의 정서적 어려움이든 명상을 통해 관리할 수 있다는 말을 하려는 것이 아니다. 경력이 오래된 명상가들도 감정을 추스르기가 어려운 상황에 놓일 때가 있다. 이런 때는 상담사나 의사, 정신적 조언자와 상담을 나누는 것이 가장 현명한 행동이다. 한편, 아무리 힘든 상황이라도 현재의 순간에 자리한 평온함과 교감한다면 마음을 진정하는 데 도움이 될 것이다.

평정심이 회복력을 향상시킨다

명상 수행 중에 평정심에 이르는 순간을 경험하면, 이후에
는 일상생활 속에서도 점차 평정심이 찾아올 것이다. 무슨
일이 벌어져도 자신은 괜찮을 거라는 믿음도 생길 것이다.
기쁜 순간에는 즐거움을 만끽하되 지나치게 흥분하지 않
고, 상실의 순간에는 실망감을 느끼되 자기 자신을 잃지 않
을 것이다.

삶이 당신에게 무엇을 제시하든, 어떻게 반응할지 그 선
택은 당신이 내린다. 명상을 수행하고 수용을 배우며 평정
심을 키우는 과정을 통해 회복력을 단련하는 것은 누구에
게나 가능한 일이다.

조금만 더 참고 수행을 계속하길 바란다. 오늘 10분만 더
수행한다면 삶이 몰고올 거대한 파도에 대비할 수 있다.

4
단
계

―――――

스스로 빛나는
인생의 가치들

총명했던 어제의 나는
세상을 바꾸고 싶었다.
현명한 오늘의 나는
나부터 달라지고 있다.

- 루미(이슬람 법학자이자 수피 신비주의자, 시인)

집중력을 기르는
마음챙김

지금쯤이면 마음챙김을 향한 실험을 시작한 지 약 2~3주쯤
되었을 것이다. 운이 좋았다면 수행을 통해 관찰하는 마음
과 생각하는 마음을 식별하고, 수용으로 난관을 헤쳐나가
는 등 앞서 배웠던 가르침을 실생활에 적용해볼 기회가 있
었을 것이다. 마음챙김을 향한 여정을 계속해나감에 따라
이번에는 몇 가지 새로운 기술을 더 배워볼 차례다.

먼저, 지금껏 다루었던 기술과는 약간 다른 '유도 심상'이
있다. 현재의 순간에 벌어지는 실제 경험에 의식을 집중하
는 것이 아니라 마음에 다른 공간을 만들어 잠시 그곳에 머

무는 기술이다. 스트레스, 불면증, 신체적 고통에서 벗어나는 데 유용하다.

　이번 장에서 소개할 둘째 기술은 전통적인 마음챙김 명상 기법인 '이름 붙이기'다. 앞에서 배웠던 가타 명상처럼 생각의 강물이 위험한 급류처럼 매섭게 흐를 때 유용한 기법이다.

특별한 장소를 만들어내고 방문한다

심상imagery은 극심한 걱정이나 불면 등 어려운 문제를 다스리거나, 자유투를 던지고 바이올린 협주곡을 연주하는 등 본인의 퍼포먼스를 예행연습 하는 데 효과가 좋다. 모든 감각을 동원해 어떠한 장소나 경험을 상상할 때 두뇌는 물론 신경계의 다른 부분들도 해당 경험을 실제로 하는 것처럼 반응한다. 리허설을 하는 모습을 상상하는 것만으로도 실제 리허설과 같은 효과가 있고, 안식처를 상상하는 것만으로도 실제 편안한 장소에서 머무는 것처럼 진정이 된다. 따

라서 마음을 이용해 하루 중 잠시 휴식을 취할 공간을 마련하는 것은 효율적인 스트레스 관리 전략이다.

심상 훈련을 하기 위해서는 마음의 눈으로 스트레스를 해소할 때 찾아갈 공간을 만들어야 한다. 어떤 학생들은 어린 시절 살던 집을 불러오기도 하고, 또 어떤 학생들은 그리운 추억의 장소를 떠올리는데, 이 과정에서 슬픔이나 향수병이 찾아오기도 한다. 만약 당신도 이런 경험을 한다면 지극히 정상적인 반응이라는 것을 알아두길 바란다. 우리가 상상하는 장소에 관련된 감정이 떠오르는 것은 심상의 자연스러운 현상이다.

익숙한 장소를 '방문'하며 위로와 위안을 얻는 사람들이 대다수이지만, 어떤 이들은, 특히나 트라우마를 겪은 사람은 실제 경험과 관련 없는 완벽한 가상 공간을 만들어내는 것이 효과적이다. 어느 쪽이든 당신에게 맞는 쪽을 선택하면 된다. 과거의 어느 장소를 방문하는 것이 너무 불편하다면 사진으로 봤거나 책에서 읽었던 내용을 바탕으로 가상 공간을 만들어내면 된다. 만약 지독히도 고통스러운 감정이 일어난다면 두 눈을 뜨고 훈련을 마치는 것이 좋다.

유도 심상

이름에서 드러나듯 심상을 유도하는 대상이 있을 때 효과가 가장 좋기 때문에 웹사이트(http://www.korumindfulness.org/guided-meditations)에 게시된 무료 녹음 파일을 활용하길 적극 권한다. 녹음 파일이 없는 쪽을 선호한다면, 아래 지침을 모두 읽은 뒤 시도하길 바란다.

자리에 앉거나 누워 편안한 장소에서 수행하는 것이 가장 좋다. 모든 감각을 활용해 가상 장소에서 전해지는 느낌, 냄새, 소리, 맛은 물론 색깔과 사소한 사항도 모두 인식하면 심상 효과가 극대화되기 때문에 이 훈련을 하는 동안 자신의 감각을 최대한 열도록 노력해야 한다.

유도 심상 방법

○ 편안한 장소에 자리한 후에 두 눈을 감는다. 완벽히 안전하고 편안한 장소를 마음에 떠올린다. 실내까지 들어가봤던 곳이든 바깥만 들른 곳이든 직접 가본 적 있는 실제 장소여도 된다. 또는 상상 속 공간도 좋다. 당신이 편안함과 안전함을 느끼는 장소여야 한다는 것이 중요하다. 여러 장

소가 떠오른다면 하나만 선택해 의식을 집중한다.

○ 자신만의 특별한 장소를 상세하게 시각화한다. 주변 색과 모양도 함께 인식한다. 기온은 어떠한가? 따뜻한가, 추운가? 당신은 어떤 옷을 입고 있는가? 소리도 인식한다. 어떠한 향이 전해지는지도 살핀다. 그곳에서 긴장이 풀어지는 몸을 느껴본다. 어떠한 촉감이나 감각이 느껴지는가? 안전함과 편안함을 전해주는 그곳의 분위기를 모두 의식한다.

○ 주변을 둘러본다. 그곳을 좀 더 편안하고 안전한 장소로 꾸미기 위해 더하거나 제하고 싶은 사람이나 사물이 있는가?

○ 마음속에 공간이 완성된 후에는 그곳의 분위기에 완전히 젖어들 듯 원하는 만큼 머물며 편히 휴식을 취한다.

○ 이제 그곳에서 빠져나올 준비가 되었다면 서둘지 말고 천천히 진행한다. 어딘가에 기대거나 닿아 있는 몸의 감각을 인지한다. 호흡을 의식하며 몇 번 심호흡을 한다. 준비가 되었으면 두 눈을 뜬다.

특별한 공간을 상상하는 기법은 스트레스를 받은 신경계

에 휴식이 필요할 때 언제든 할 수 있는 유용한 훈련이다. 생각이 너무 많고 마음이 산란해서 잠들기가 어렵다면 심상화로 마음을 진정시킬 수 있다. 충치 치료를 받는다면 심상을 통해 치과 의자보다 마음을 편하게 해주는 장소를 떠올리는 것이 도움이 된다. 업무가 유독 잘 안 풀리는 날이라면 정오에 잠시 시간을 내어 마음을 편안하게 해주는 장소에 방문하는 것이 스트레스를 크게 낮춰줄 것이다.

심상은 전통적인 마음챙김 훈련은 아니지만 주의 집중 훈련으로 효과가 좋고, 따라서 마음챙김 수행에도 도움이 된다. 지금껏 배운 모든 기술이 그렇듯 심상도 연습이 필요하다. 평소에도 시각적 사고를 잘하는 사람이라면 심상을 훨씬 쉽게 익힐 수 있다. 이미지를 떠올리는 것이 서툴다면 익숙해지기까지 시간이 걸릴 수 있다. 심상이 도움이 되는지 따지기 전에 몇 번 시도해보기 바란다.

마음속에 떠오르는 생각을 파악하고 놓아준다

이름 붙이기^{labeling} 또는 알아차리기^{noting}라고도 불리는 기술은 널리 행해지는 명상법으로, 앞서 나온 명상 중에 관찰하는 마음이 떠오르는 생각을 인식하는 수행을 바탕으로 한 개념이다. 이 명상에서는 어떠한 생각이 마음에 떠오를 때마다 생각의 실체를 알아보는 법, 또는 '정확한 이름 붙이는 법'을 배운다.

이름 붙이기는 명상 중에 찾아오는 생각을 한결 빠르게 살피도록 만든다. 생각이 떠오를 때 이름을 붙인다면 그 생각이 담은 내용에 지나치게 파묻히지 않고 그저 관찰할 수 있기 때문에 생각을 놓아주고 다시 현재 순간의 닻이 되어주는 호흡으로 의식을 집중하는 것이 한결 쉬워진다.

마음이 만들어내는 사고 패턴이나 유형이 어느 정도 정해져 있는 덕분에 이름 붙이기가 수월하다. 자신의 경험을 판단하거나 어떤 것이 달라지길 바라는 등 앞에서 우리가 자주 하는 사고 패턴을 말한 바 있다. 이 외에도 다양한 사고 패턴이 있다. 예컨대 나는 앞으로 할 일을 계획하거나, 해야 할 일을 정리하는 데 생각이 쏠려 있는 편이다. 미래를 걱정하거나 과거의 일을 상기하는 것도 흔한 사고 패턴 중 하나다.

이름 붙이기란 어떠한 생각을 인식하는 순간 그 생각에 해당하는 단어를 떠올리는 것이다. 이를 시작하기에 가장 쉬운 방법은 생각이 떠오르는 것을 인식할 때면 '생각'이라고 속으로 말하는 것이다. 어떤 사람들은 이름 붙이기와 함께 심상을 떠올리기도 한다. 단어를 소리 내어 말하는 것이 의식을 집중하는 데 무척 도움이 된다고 말하는 사람들도 있다. 생각에 이름을 붙인 뒤에는 그 생각을 놓아주고 다시 호흡으로 의식을 되돌린 후 다른 생각이 찾아오는지 재빨리 주의를 기울이면 된다.

자신에게 떠오르는 생각에 특정한 패턴이 있다는 것을 파악한 후에는 좀 더 정확한 단어를 쓸 수 있다. '판단', '계획', '바람' 같이 자신이 보고 있는 사고 패턴을 지칭하는 단어로 이름을 붙인다.

이름 붙이기에서 자주 발생하는 실수는 이름을 정확하게 붙이는 데 집착하는 것이다. 여기에 집착하면 더욱 깊은 생각에 사로잡힐 수밖에 없다. 만약 어떤 이름을 붙일지 집착하는 모습을 알아채면 그저 '생각'이라고 부르고 넘어간다.

마지막으로 이름을 붙일 때 자신의 어조에 유의해야 한다. 이름은 관찰이지 비판이 아니다. 초초함이나 반감('세상에나, 이렇게나 가치 판단적인 생각을 많이 할 줄이야')이 아닌 너그러움과 호기심('흥미롭네. 가치 판단적인 생각이 자꾸 떠오르는군')으로 바라봐야 한다.

이제 이름 붙이기에 대한 생각은 그만하고, 실제로 한 번 해보기로 하자.

생각에 이름 붙이기 명상

웹사이트(http://www.korumindfulness.org/guided-meditations)에서 무료로 제공되는 유도 명상을 활용해도 좋고, 아래에 나온 지침을 읽은 뒤 혼자서 수행해보는 방법도 있다. 보통은 호흡 알아차림과 함께 이름 붙이기 명상을 수행한다. 명상 타이머를 적어도 10분 이상 맞춰놓고 명상 자세를 취한다. 명상 자세를 다시 읽어보고 싶다면 47쪽 수행 팁을 참고하기 바란다.

생각에 이름 붙이기 명상 방법

○ 자신이 앉은 자세에 따라 두 발과 몸이 바닥 또는 의자에 닿는 느낌을 인식한다. 무릎 위에 올린 두 손을 인식한다. 주변 소음을 인식한다. 두어 번 느리게 심호흡을 한 뒤 원래대로 자연스럽고 편하게 호흡한다. 일부러 호흡에 변화를 주려고 하지 말고 숨이 몸 안에 들어왔다가 빠져나가면서 몸이 오르락내리락 하는 움직임을 주시한다. 되도록 의식을 호흡의 감각에 집중한다.

○ 자신의 의식에 슬그머니 떠오르는 생각을 재빨리 살핀다. 마음에 생각이 찾아오면 속으로 '생각'이라고 말한 뒤 그 생각들을 흘려보내고 현재 순간의 닻인 호흡으로 주의를 다시 집중한다.

○ 생각이 찾아올 때마다 다시금 '생각'이라고 이름을 붙인 뒤 다시 호흡에 집중한다. 만약 계획을 세우거나, 어떤 일을 판단하거나, 걱정하는 중이라면 그에 따라 해당하는 이름을 붙이면 된다. 이름을 정확하게 붙이느라 지나치게 고민하지 말아야 한다. 그저 생각을 인식한 뒤 이름을 붙이고 호흡에 다시 집중하며 강물을 따라 생각이 흘러가도록 두면 된다.

○ 생각을 멈추려 하는 것이 목적이 아님을 명심하라. 생각은 계속해서 마음에 떠오를 것이고, 당신은 계속해서 생각을 인식하고 이름 붙이고 놓아주면 된다. 자신이 잘하고 있는지 판단하는 마음을 내려놓는다. 이런 걱정이 들 때는 '판단'이라고 이름 붙인 뒤 다시 호흡에 집중한다.

○ 타이머가 끝을 알릴 때까지 호기심과 인내심, 친절함으로 명상을 계속한다. 명상을 마치려면 심호흡을 한 뒤 눈을 뜨고 몸이 원하는 대로 천천히 스트레칭을 한다.

충분히 감을 잡을 때까지 생각에 이름 붙이기 명상 수행을 계속한다. 이름 붙이기를 통해 생각의 강물 속에 무엇이 담겨 있는지 점차 익숙하게 알게 된다. 어느 정도 수행한 후에는 생각에 특정한 패턴이 있는지 살핀다. 가장 자주 등장하는 생각 패턴을 파악한다면 자기 마음의 작동 방식에 대해 중요한 정보를 얻게 될 것이다.

수행 팁 ◇ 선 지도자인 스즈키 순류는 "우리가 수행을 할 때 가장 중요한 것은 바른 노력right effort을 기울이는 것이다"라고 했다. 명상에서 '바른

노력'이란 수행을 할 때 매 순간을 직시하는 것 외에 그 어떤 의도도 없이 현재에 머무르며 균형 잡힌 노력을 기울이는 것이다.

명상을 할 때 어떠한 마음 상태에 이르고자 지나치게 노력하면 마치 마음을 옥죄듯 긴장과 좌절을 느끼게 될 것이다. 그러면 오래 지나지 않아 명상 시간을 두려워하게 된다. 아무 노력도 기울이지 않으면 그것은 명상이 아닌 휴식이 되고 만다. 아무 진전을 이루지 못할 것이고 결국 명상을 계속할 동기가 사라질 것이다.

바른 노력이라는 개념을 파악하기 위해서 농구 선수가 자유투를 던지는 모습을 생각해보라. 몸에 힘이 너무 들어가거나 지나치게 애쓰며 공을 던지면 헛되이 백보드에 부딪힌다. 힘도 노력도 너무 들이지 않으면 에어볼이 되고 만다. 골을 성공시키기 위해선 적당한 감각이 필요하다.

마찬가지로 균형 잡힌 노력이 생산적인 명상 수행을 가능케 한다. 의식을 기민하게 유지하고 앞으로 닥칠 일을 열린 마음으로 받아들이는 노력을 기울이되, 지나치게 노력하다가는 좌절과 자기비판에 빠지게 마련이다. 생각에 이름을 붙이는 훈련은 바로 이 바른 노력을 함양하는 데 좋은 방법이다.

새로 배운 두 가지 기술, 유도 심상과 이름 붙이기를 추가해 매일 10분간 행하는 마음챙김 수행 중 하나로 활용하길 바란다. 지금껏 배운 기술을 모두 수행해봐야 어떤 상황에서 어떤 명상을 하는 것이 본인에게 가장 잘 맞는지 파악할 수 있다. 마음챙김 수행의 이점을 최대한 경험하려면 매일 감사한 일 두 가지를 기록하고 일상생활에서 하는 활동 중 하나를 마음챙김으로 온전히 집중하며 행하기도 빼놓지 않아야 한다.

이제 규칙적인 마음챙김 수행의 큰 장점 중 하나를 살펴볼 차례다. 바로 자기 이해^{self-understanding}의 향상이다.

삶을 경험하고
지혜를 얻는다

여기까지 왔으니 이제 작은 비밀을 하나 알려주겠다. 지금 껏 나는 마음챙김을 스트레스에 대처하는 대안으로서 설명 했지만, 사실 내가 생각하는 마음챙김의 가장 강력한 힘은 자아 발견self-discovery과 지혜 함양에 있다고 생각한다.

지혜는 지식과 다르다. 지식은 정보의 축적이다. 시험 공 부를 하거나 새로운 프로그래밍 언어를 배우며 지식을 얻 는다. 한편, 지혜란 자신과 자신이 속한 세계에 대한 근본적 진리에 대한 통찰이다. 지혜를 얻기 위해서는 삶을 경험해 야만 한다. 어느 온도에서 물이 얼기 시작하는지 배워서 안다 해도 춥다는 것이 어떤 느낌인지는 모를 수도 있다.

지혜는 삶에서 인과 관계를 경험하며 길러진다. 사람은 20대를 지내며 인과 관계를 관찰할 기회를 셀 수 없이 많이 만난다. 이를테면, 끔찍했던 결별을 이겨내는 경험을 통해, 또는 힘들게 하는 동료에게 그래도 친절하게 대했더니 자신에게 어떤 이점이 있었다는 등의 경험을 하며 지혜가 쌓인다. 한 학생은 내게 '공부 대신 파티만 한다'는 이유로 학교를 떠나야만 했던 경험을 한 뒤 지혜로워졌다고 고백하기도 했다. 마음챙김을 통해 우리는 경험을 가치 판단 없이 그대로 바라볼 수 있고, 그리하여 경험에서 지혜를 얻을 수 있다.

―――

실수와 실패는 교훈을 준다

―――

실수를 저지를 때, 또는 통렬한 실패를 경험할 때가 배울 수 있는 최고의 기회다. 우리의 선택과 행동에 따른 결과를 가치 판단하지 않고 그대로 인식할 때 뼈아픈 경험에서 교훈

을 얻을 수 있다. 현명한 스승인 헤네폴라 구나라타나는 이
렇게 말했다.

"실수의 영향력을 경험하는 것이 훗날 실수를 저지르지
않는 강력한 동기가 된다."

오래된 이야기에서도 이 사실이 잘 드러난다.

학생: 행복의 비밀이 무엇입니까?

스승: 좋은 선택을 내리는 것이다.

학생: 어떻게 해야 좋은 선택을 내릴 수 있습니까?

스승: 지혜가 있어야 한다.

학생: 지혜는 어떻게 구할 수 있습니까?

스승: 나쁜 선택을 통해서 기를 수 있다.

지혜로운 스승은 우리가 잘못했다는 것을 깨닫고 다음에
는 어떻게 해야 할지 알아가면서 배움을 얻는다는 것을 알
고 있었다. 그는 행복하고도 만족스러운 삶을 꾸리기 위해
선 지혜가 반드시 필요하다는 것도 알고 있었다. 대인관계
에서든, 학업에서든, 직업에서든 실수를 저지르는 것이 너
무 두려운 나머지 몸이 얼어붙어 시도조차 하지 않는다면,

지혜를 기를 기회를 스스로 앗아가는 것이나 다름없다.

가치 판단을 피하고 그저 인식하면, 결과가 좋았던 선택과 그렇지 않은 선택을 분명히 가려낼 수 있다. 실수에서 지혜를 얻으려면 잘못을 저질렀을 때 다른 이에게 책임을 전가하고 싶은 충동('이게 다 너 때문이야')과 자책의 수렁에 빠지는 일('난 왜 이렇게 멍청할까. 배우질 못해')에 저항해야만 한다. 대신 무엇이 잘못되었는지 관찰하고 다음번에는 다른 선택을 내리기 위해 최선을 다하는 것이다. 어떤 일을 망쳤다고 해서 당신이 나쁜 사람이 되는 것은 아니다. 그저 실수를 저지른 것뿐이다. 실수에서 교훈을 얻고 나아가야 한다.

과학 노트 ◇ 발달 단계에서 성인 입문기를 중요한 단계라고 최초로 주장한 제프리 아네트Jeffrey Arnett는 다양한 주제를 둘러싼 대학생들의 사고방식을 파악하기 위해 자신이 속한 메릴랜드대학교 학생들을 대상으로 몇 가지 설문조사를 진행했다. 그는 대학생활에 대한 학생의 만족도는 개인의 성장 여부에 따라 크게 달라지는 것을 발견했다. 학문적 경험과는 별개로 학생들은 본인이 학교생활을 하며 스스로 자랐다고 느낄 때 대학생활이 성공적이었다고 여겼다(아네트, 2004). 개인의 성장, 또는 이 책에서 내

가 표현하는 것처럼 지혜 함양에 대한 관심이 크다는 것은 젊은 세대들이 마음챙김에서 얻을 것이 많다는 방증이기도 하다.

———

원인과 결과를 파악한다

———

4학년인 라크슈미는 졸업 후 어떻게 해야 할지 여러 선택지 사이에서 고민이 컸다. 졸업이 다가올수록 파티를 하는 날이 잦아져 밤마다 술에 잔뜩 취하기 일쑤였다. 마음챙김 수행을 시작한 후 음주가 나쁜 결과를 불러온다는 것을 깨달았다. 특히 술에 취해 했던 행동을 뒤늦게 후회하는 것이 문제였다. 자신이 진로 문제를 생각하고 싶지 않아서 파티를 한다는 사실도 깨달았다. 라크슈미는 이렇게 말했다.

"술을 끊었어요. 애초에 마지막 학기를 술로 보낼 계획은 아니었는데, 자꾸만 술을 마시고 싶었어요. 다른 사람들을 함부로 판단하고 싶지 않지만, 맨정신으로는 하지 않을 일을 술에 취해 저지르는 것은 결국 스스로 벽을 세워 제 갈

길을 가로 막는 것과 다름없다는 생각이 들었죠."

라크슈미는 마음챙김 수행으로 선택에 따른 결과를 인지하기 시작한 후 자신의 선택을 달리 느꼈다. 느낀 바를 통해 앞으로 다르게 행동해야겠다는 동기가 생긴 것이다. 지혜, 즉 명확한 자기 이해는 '경험으로 얻을 수 있다'는 말이 바로 이런 의미다.

진짜 자신의 모습을 찾아 깊이 뛰어든다

물론 실수만이 지혜를 얻을 수 있는 유일한 방편은 아니다. 가치 판단을 하지 않는 알아차림과 마음챙김 명상을 꾸준히 수행하면 경험에서 배움을 얻을 기회를 끊임없이 마주할 수 있다.

당신의 의식적 마음conscious mind은 광활한 바다와도 같다. 수면은 일상이란 변화무쌍한 바람에 영향을 받아 파도가 일렁인다. 파도로 잘 보이진 않지만 깊은 바닷속은 여전히 고요하고 맑다. 명상 중에 이 심해를 탐험하며 자신의 진정한 가치와 욕망, 신념을 발견해간다.

수면 위에서만 둥둥 떠다닐 때면 친구, 가족, 미디어의 의견으로 형성된 물살에 이리저리 휩쓸린다. 누구나 그렇듯 남들에게 인정받고 싶은 욕구와 실망시키고 싶지 않은 바람이 인식 깊은 곳에 있다. 이런 요인들이 중요한 기준점이긴 하지만, 어느 것도 당신의 진실을 드러내지 못한다. 마음챙김을 연마할수록 당신의 마음 안에 자리한 맑고 잔잔한 물속으로 깊이 들어가 그 밑에 있는 소중한 것을 발견할 수 있게 된다. 평온하고도 선명한 그곳에서 바로 당신의 가장 값진 혜안이 생겨난다.

수행 팁 ◇ 이번 주에 최소 한 번 이상 명상 시간을 평소보다 늘려보길 바란다. 명상을 오래 하면 끊임없이 일렁이던 마음이 서서히 안정되어, 내면 깊은 곳을 들여다보고 깊이 있는 통찰에 접근할 수 있다. 타이머를 20분으로 설정한다. 앉아 있는 시간이 길어진 만큼 두려움이나 동요가 일 수 있으므로 생각에 이름 붙이기 기술을 활용해 대처하길 바란다. '저항'이라고 이름을 붙인 뒤 호흡으로 다시 의식을 집중하는 식이다. 시간은 길어졌지만 이것도 그저 한 호흡씩 편안하게 관찰하는 순간들로 이루어졌을 뿐이다.

명상에서 얻은 통찰력이 삶을 바꿔놓기도 한다. 도미닉은 코루 수업 중 로스쿨에 진학하지 않기로 했다고 알렸다. 로스쿨은 오래된 목표였지만 마음챙김 수행을 통해 그는 깨달음을 얻었다고 밝혔다.

"변호사가 하는 일에 전혀 관심이 없다는 것을 알게 되었어요. 이걸 깨달아서 얼마나 다행인지 이루 말할 수 없을 정도예요. 선고받은 징역형이 취소된 기분이죠!"

도미닉은 변호사가 되고 싶은 이유에 대해 자신의 진짜 감정을 관찰하고 수용하기 시작하자 로스쿨에 가고 싶지 않다는 것이 아주 명확해졌다. 사람들이 바라는 것 또는 부러워할 만한 것에 얽매였던 사고방식 아래로 깊이 들어가자 자신의 진짜 감정을 마주했다. 이 새로운 정보가 그에게 진로를 변경할 자신감을 심어주었다.

명상을 하면 누구나 삶의 경로를 바꾸게 된다는 말이 아니다. 모든 사람이 마음챙김을 하며 기존의 계획을 포기하지는 않는다. 우리는 모두 저마다 다르다. 로스쿨에 진학하고 싶은 사람도 몇몇 있을 것이다. 아마 대다수의 사람은 원치 않을 것이다. 자신에게 무엇이 가장 좋은 선택인지 깨닫는 것이 중요하고, 마음챙김이 최선의 선택을 분별하도록 도와줄 수 있다.

작은 통찰력을 쌓아간다

대단하고 위대한 통찰력을 통해 지혜를 얻기보다는 마음챙김을 수행하는 동안 우리의 의식 아래 있는 작은 진실을 마주하며 지혜를 깨우치는 때가 더욱 많다. 지난 몇 년간 코루 수업을 들은 학생들이 깨달음을 얻은 사례는 정말 많다. 예컨대, 한 학생은 뜻대로 일이 흘러가지 않았을 때 마음이 어찌나 빨리 책임을 떠넘길 대상을 찾아내는지 깜짝 놀랐다고 고백했다. 자기 탓이라고 생각지 않도록 보호하고자 하는 마음의 반사작용이었다. 그는 "누구의 잘못도 아닌 일이 있다는 것을 이제야 알았어요"라고 말했다.

한 학생은 다른 사람들과 자신을 끊임없이 비교한 탓에 자신이 모자라다는 생각이 더욱 깊어졌고 본인이 지닌 강점도 알아보지 못한다는 것을 깨달았다. 다른 학생은 자신이 '무엇을 해야만 한다'는 강박감에 사로잡혀 하루를 보낸다는 것을 자각했다. 그녀 안에는 항상 분노가 있었고, 이 분노는 그녀에게도, 대인관계에도 악영향을 미쳤다.

다른 학생은 자신의 에너지, 집중력, 학업 효율성 간의 관계를 이해하고 조율하는 데 점차 능숙해졌다고 밝혔다. 덕분에 그는 생산성은 높이고 스트레스는 낮아지도록 학업 스케줄을 조절할 수 있게 되었다.

자기 이해와 함께 작은 통찰력이 쌓이면 자신의 행동이 조금씩 바뀌고, 그러다보면 더 만족스럽고 의미 있는 삶에 이르게 된다.

———

끊임없이 변하는 자신의 모습을 본다

———

소소한 교훈이 점차 쌓이든, 삶이 뒤바뀌는 대단한 통찰력을 깨닫든, 마음챙김이 자기 이해를 높인다는 점은 변치 않는다. 그러나 명상을 오래 한다고 해서 절대 불변의 진정한 자아가 나타나는 것은 아니다. 오히려 마음의 변화를 더욱 민감하게 관찰함에 따라 감정, 태도, 에너지가 끊임없이 변하고 서로 충돌하는 내면의 풍경을 보게 될 것이다. 지금 표출되는 것은 그 순간의 환경에 따른 결과물일 뿐이다.

이를테면, 어려움에 처한 친구를 마주하는 상황이라면 힘든 시험을 마친 뒤 수면 부족인 상태로 집에 돌아가는 길에 만났을 때와, 충분히 쉬고 일을 잘 해낸 뒤 기쁘고 만족스러울 때 친구를 대하는 반응은 다를 것이다. 때와 맥락에 따라 당신의 감정과 행동이 달라진다는 의미다. 마음챙김은 그 순간에 당신에게 영향을 미치는 요인들을 인식하고 당신이 함양하고 또 표출하고 싶은 감정과 태도를 현명하게 가려내도록 해준다.

어느 순간에 어떤 감정과 태도를 선택할 것인지는 자신의 삶에서 가장 중요하게 여기는 가치에 의해 결정된다. 바로 다음 장에서 이야기할 주제다.

무엇이 중요한지
알아간다

"많은 사람이 뒤늦게 자각하는 현실은, 삶이란 그간 당연하게 생각해왔던 선물이고, 돈보다 사람이 중요하다는 것이다."

《행복의 가설The Happiness Hypothesis》 저자 조너선 하이트 Jonathan Haidt가 불치병 진단을 받은 사람들이 흔히 깨닫는 진실을 소개하며 위와 같이 적었다. 갑작스럽게 찾아온 명확한 자각으로 인해 사람들은 자신에게 남은 시간을 다르게 살고자 했다. 이들에게는 어떤 후회가 남았을까? 더 많은 돈을 벌지 못해서, 또는 더 열심히 일하지 않아서 후회스러웠을까? 전혀 아니다. 이들은 삶의 매 순간이 지닌 본질적 가치를 조금이나마 일찍 깨닫지 못한 것을 안타까워했다.

죽음을 마주하고서야 삶에서 무엇이 가치 있는 일인지 깨닫는다니, 진정 비극적인 일이다. 시간이 얼마 남지 않았다는 것을 아는 순간, 현재를 강력하게 인식하고 가장 중요한 것이 무엇인지 분명하게 보기 시작한다. 다행스럽게도 명상과 같은 사색 수행이 죽음을 마주하는 것과 비슷한 효과를 발생한다. 당신의 삶이 유한하고 또 소중하다는 사실을 지금 바로 깨달을 수 있다는 의미다.

―――――

성취인가, 존재인가

―――――

우리가 속한 문화에서는 존재보다 행위와 성취를 높게 평가한다. 성취란 좋은 것이다. 그렇지 않다고 말하면 위선일 것이다. 그러나 삶에는 성취 이상의 것이 있다. 생의 말기에 이른 사람들이 말하는 삶의 가치가 이를 방증한다. 그저 존재하는 데에 너무도 큰 즐거움과 지혜가 깃들어 있다. 모든 순간마다 아무도 알아채지 못하는 기적이 가득하다. 호흡만 생각해봐도 그렇다. 당신이 숨을 들이마실 때마다 몸에서 산소를 흡수에 세포에 공급한 뒤 다시 외부로 배출된다. 상당히 놀라운 일이다. 우리가 생각할 수 있는 그 어떤 성취만큼이나 대단한 일이다.

앞에서 당신은 존재의 인간이지 행위의 인간이 아니라고 차이를 들어 설명한 바 있다. 얼마나 많은 것을 이루었는지와 무관하게 당신이 존재하기 때문에 당신의 삶은 가치가 있다. 삶이란 상당히 놀랍지만 그날그날의 일상이 늘 비슷하기 때문에 평범하다고 느끼는 것이다.

이렇게 한번 생각해보자. 당신은 어머니의 자궁 안, 작은 씨앗에서부터 이만큼 성장한 것이다. 최고의 신경과학자들조차도 설명할 수 없을 정도로 복잡하고도 미스테리한 의식을 지닌 존재로 발달했다. 천억 개의 뉴런이 서로 연결되어 지각을 형성한다. 다른 동물과는 다르게 자신의 사고를 인지할 능력이 있다. 당신의 삶이 지닌 마법과 교감할 때 진정으로 깨어나 삶을 더 이상 당연하게 받아들이지 않을 수 있다.

자기 삶의 모습을 고민한다

성취보다 존재에 치중하고 싶다면 삶을 계획할 때 묻는 질문을 바꾸어야 한다. '나는 무엇을 성취하고 싶은가?'가 아니라 '이제부터 내 삶이 어떻길 바라는가?' '나는 어떤 사람이 되고 싶은가?'라고 물어야 한다.

이 질문에 해당하는 답변이 현재에 집중하는 삶, 의미 있는 것을 중심으로 한 삶으로 안내한다. 자기 삶의 모습을 고민하기 시작할 때 탄탄한 대인관계 형성, 변화하기, 경제적 안정 이루기 등의 답변이 떠오를 것이다. 이런 가치들은 지금 당장이라도 노력하면 얻을 수 있다. 어떤 일을 성취해야만 한다고 시간을 끌며 자신이 중요하게 생각하는 가치를 실현하는 것을 미룰 필요가 없다.

당신의 가치는 가족, 친구, 수많은 멘토, 미디어에서 배운 모든 것이 뒤섞여 있다. 경험이 가치에 지대한 영향을 미치기 때문에 나이가 들수록 가치는 진화하게 마련이다. 경제학이나 환경과학 수업을 듣고, 낮은 임금을 받으며 생활비를 충당하느라 애를 먹고, 차별과 불의를 보거나 직접 경험하고, 청소년기 또는 갓 성인이 된 나이에 사랑하는 사람을 여의는 등 이 모든 경험과 셀 수 없이 많은 타인이 당신의 정체성과 가치에 영향을 미친다.

당신이 가고자 하는 방향을 가리키는 나침반처럼, 당신의 가치는 살면서 마주하는 모든 선택의 기준이 된다. 그러나 나침반을 잘 활용하기 위해서는 무엇보다 나침반을 확인해야만 한다. 이 나침반은 당신 안에, 생각하는 마음의 거칠게 요동치는 수면 아래에 있다.

잠시 멈춤 ◇ 웹사이트 http://www.lifevaluesinventory.org에서 무료로 제공되는 삶의 가치 목록Life Values Inventory(LVI)을 참고하면 자신이 중요하게 여기는 가치를 파악하는 데 도움이 될 것이다. LVI는 당신의 가치가 무엇인지, 그리고 인생의 중요한 의사결정에서 이 가치를 어떻게 활용할 수 있는지 알려준다.

자신이 가장 중요하게 생각하는 것이 무엇인지 생각해보고 직접 리스트를 만들어볼 수도 있다. 경제적 안정, 타인을 향한 관심, 자연에 대한 관심, 독립심, 영성, 창의성, 건강과 피트니스, 재미, 가족과 친구 등이 있을 것이다. 이 외에도 다른 것들이 떠오른다면 항목에 포함한다. 이 가운데 당신이 중요하게 여기는 순서에 따라 순위를 매겨본다. 그 후에는 당신이 시간을 많이 투자하는 순서대로 다시 순위를 매긴다. 이 두 가지 순위가 일치하는가? 아니면 당신이 가장 많이 신경 쓰는 문제에 가장 적은 시간을 들이고 있는가? 두 항목이 일치하도록 만들기 위해선 삶을 어떻게 바꾸어야 할지 생각해본다. 행동과 가치 간의 격차가 좁을수록 더욱 행복해질 수 있다.

수행 팁 ◇ 명상을 시작하기에 앞서 명확한 의도를 다지는 것으로 마음을 현재 순간의 자각에 이르는 방향으로 설정할 수 있다. 타이머를 맞추기 전, 판단하지 않는 마음으로 현재의 순간에 몰입한다는 자신의 의도를 상기한다. 명상으로 무엇을 이루겠다는 목표('명상을 마친 뒤에는 좀 더 편안해졌으면 좋겠다')를 모두 내려놓고, 되도록 호흡 하나하나 주시하며 무엇이든 그저 바라보겠다고 마음먹어야 한다.

필요한 것은 이미 갖고 있다

성취보다 존재를 강조하면 지금 이 순간 당신이 행복하기 위해 필요한 모든 것을 완벽하게 갖고 있음을 이해할 수 있다. 남극 탐험가이자 해군 장군으로 혹독한 어려움을 수없이 겪었던 리처드 E. 버드Richard E. Byrd는 "이 세계의 혼란 가운데 절반은 사실 우리에게 필요한 것이 거의 없음을 깨닫지 못하는 데서 발생한다"고 지적했다. 현재의 순간에 단단히 뿌리내린다면 이 혼란은 크게 줄어들 것이다.

어느 날 커피숍에 앉아 있다가 세 살쯤 되어 보이는 사내아이와 아빠가 나누는 대화를 우연히 들었다. 아빠는 아들에게 '원하는 것'과 '필요한 것'의 차이를 설명하고 있었다. 커다란 구멍 사이로 작은 발가락이 보이는 아이의 스니커즈를 가리키며 아빠는 이렇게 말했다.

"새 신발을 사야겠네. 새 신발이 필요한 걸까, 새 신발을 원하는 걸까?"

자신의 신발을 잠시 내려다보던 아이는 고개를 들며 이

렇게 말했다.

"좋은 신발이에요. 이 신발 계속 신을 거예요."

아이는 아빠에게 더욱 중요한 가르침을 전하고 있었다. 바로 자신이 가진 것에 만족하는 법이었다. 아이들은 이 사실을 잘 알고 있다. 어린 아이는 어떤 것의 가치는 완벽한 외형에 있는 것이 아님을 이해하고 있다. 더 좋은 것을 항상 찾아다니기보다는 자신의 눈앞에 있는 것에서 최대한의 즐거움을 얻는 법을 알고 있다. 우리는 점차 자라면서 낡은 신발에 가려진 가치를, 우리 앞에 놓인 완벽함을 알아보지 못한다.

———

능숙한 가치를 지향한다

———

윤리적인 선택을 내림으로써 이를 수 있는 마음의 평안이 찾아올 때 매 순간이 지닌 완벽함의 가치를 더욱 쉽게 알아볼 수 있다. 자신이 지닌 윤리관, 즉 어떤 의견이나 행동이 옳고 그른지에 대한 믿음은 당신의 가치에 지대한 영향을 미친다. 우리가 보통 윤리라고 할 때는 사회나 종교 내 정해진 도덕적 규칙을 뜻하지만 여기서는 당신의 개인적 윤리를 의미한다.

일반적으로 명상 강사들은 '옳고 그름'과 같은 단어를 최대한 멀리한다. 가치 판단적인 단어이기 때문이다. 대신 '능숙함skillful' 과 '능숙하지 못함unskillful'으로 표현한다(불교에서 skillful은 유익하고, 균형 잡히고, 지혜로운 것을 종합적으로 뜻하고 unskillful은 그 반대 개념을 지칭한다-옮긴이). 여기서 능숙함이란 개인의 윤리관에 일치하는 선택을 내려 마음의 평안에 이름을 뜻한다. 능숙하지 못한 결정을 내릴 때면 마음이 불안하고, 밤에 편히 잠을 자지 못하거나 위험한 수준의 수치심과 죄책감을 느끼는 등 불편한 감정을 경험한다.

남자친구를 두고 바람을 피우는 것이 잘못된 일이라고 생각하면서도 바람을 피운다면, 자신의 윤리를 어긴 것이고 이로 인해 마음에 괴로움이 찾아올 것이다. 따라서 바람을 피운다는 것은 능숙하지 못한 선택이고, 그 결과 마음이 평온에 이르지 못한다는 의미다. 능숙하지 못한 선택을 거듭 반복한다면 불필요한 괴로움 속으로 자신을 계속해서 밀어넣는 것이다.

명상을 규칙적으로 수행하면 통해 자신의 선택과 그에 따른 결과를 가치 판단 없이 명확하게 볼 수 있기 때문에 더욱 윤리적인 행동을 실천하게 된다. 자신의 행동이 능숙할 때(마음의 평화를 고취할 때)와 그렇지 않을 때(평화를 방해할 때)를 자각하는 덕분이다.

마음의 평안이 커진다는 것은 괴로움이 줄어든다는 의미다. 인간은 누구나 괴로움을 덜고 싶어한다. 자신과 타인에게 괴로움을 일으키는 원인을 더 분명하게 깨달을수록 자연스럽게 괴로움을 덜 불러오는 방향으로 행동을 바꾸게 마련이다. 사이코패스가 아닌 이상에야(통계상으로 볼 때 아닐 확률이 높다) 자기 자신을 충분히 통제할 수 있을 것이다.

잠시 멈춤 ◇ 편안히 앉아 두 눈을 감고 의식을 몸에 집중한다. 호흡이 들고 나는 것을 느낀다. 뒤늦게 후회스러웠거나 걱정스러웠던 말과 행동을 떠올린다. 당신의 개인적 윤리관에 어긋나기 때문에 찾아온 후회나 걱정이었는가? 다음에 비슷한 상황이 생긴다면 마음이 편안해질 행동을 선택할 수 있겠는가?

완고한 독단은 좋을 것이 없다

자신의 윤리관을 모르는 것만큼 문제가 되는 것이 이 윤리관에 지나치게 집착하는 것이다. 자신만의 관점과 가치를 지나치게 내세운다면 완고한 독단에 빠지기 쉽다. 완고한 독단은 좋을 것이 없다. 최악의 경우, 완고한 독단은 배움과 진화를 가로막는다.

우리가 강력한 신념을 갖고 있을 때 이 신념에 반하는 정보를 접하면 자신이 원래 갖고 있던 의견을 더욱 강하게 고수하려는 성향을 보인다(나이헨, 라이플러, 2010). 이것이 문제다. 새로운 정보를 고려하거나 수용하지 못하는 것이 성장과 변화를 방해한다. 자신의 가치와 윤리관을 자각하지만 집착하지 않을 때, 열린 태도로 자신과 달리 세상을 바라보는 사람들에게서 많은 것을 배울 수 있다.

자신의 관점을 지나치게 고집하려는 순간 마음챙김이 당신에게 경고를 보낸다. 가장 자주 등장하는 징후는 자신과 다른 관점을 마주할 때 불안과 분노가 끓어오르는 것이다.

이러한 동요를 느낀다면 심호흡을 하고 말이나 행동을 하기 전에 잠시 멈춘다. 이 세상에는 각기 다른 가치와 삶의 경험을 바탕으로 한 다양한 관점이 존재한다는 것을 명심해야 한다. 마음속에서 자연스럽게 일어나지만 그다지 도움이 되지 않는 반사작용들 즉, '옳고자 하는 욕망' 또는 다른 이들이 '틀렸다고 단정하고 싶은 충동'을 내려놓아야 한다. 우리는 결국 같은 것을 바란다. 괴로움에서 벗어나는 것이다. 다만 괴로움을 벗어나는 방식이 서로 다른 것뿐이다.

———

행복은 좇는 것이 아니라 발견하는 것

———

자신의 가치와 윤리관을 따르는 것과 행복을 따르는 것은 다르다. 많은 사람들은 열정이 있는 분야로 진로를 정해 행복을 좇아야 한다는 조언을 자주 접한다. 나는 이 조언이 그리 유익하지 않다고 생각한다.

한 가지 이유를 들자면, 열정을 반드시 직업으로 삼을 수 없는 경우도 많기 때문이다. 안정적인 일자리로 이어질 법한 열정을 찾지 못해 어쩔 줄 몰라 하는 학생들을 많이 봐 왔다. 더욱 중요한 문제는, 세상에서 누군가 해야 할 일 대부분은 사람들이 대단한 열정을 느낄 만한 일이 아니다. 대다수가 음식점 서버, 설거지, 조경, 아이 돌보기 등 우리가 생계를 위해 하는 일이다. 열정을 바탕으로 일자리를 찾는 것이 중요하다고 강조하는 것은, 어떤 일의 품질과 가치를 소중히 여기며 노동을 하는 데서 오는 만족감을 무시하는 것이다.

'행복을 좇으라'는 말은 당신의 행복이 지금 바로 이 순간에 깃들어 있다는 진실을 간과하는 것이다. 행복을 미래에서 찾아선 안 된다. 지금 이 순간에서 찾아야 한다. 아침에 따뜻한 침대에서 눈을 뜨는 것은 더없이 행복한 일이다. 허기를 채우고 갈증을 해소하는 것이 지극한 행복이다. 낯선 이가 당신에게 보여주는 미소가 더없는 행복이다.

행복은 드물게 찾아오는 것이 아니라는 점에서 딱히 특별할 것도 없다. 행복은 항상 이 순간에 존재한다. 그러나 발견하기가 아주 어렵기 때문에 세상에서 가장 귀중한 보물이 되는 것이다.

아무도 당신에게 무엇이 중요한지 조언을 할 수도, 당신이 이 조언을 받아들이리라 기대할 수도 없다. 무엇이 중요한지는 자신이 직접 경험으로 깨달을 수밖에 없다. 불치병에 걸리지 않은 한, 명상 수행이 당신의 삶 모든 순간에 빛나고 있는 보물을 발견할 가장 확실한 방법이다.

행복은
습득할 수 있는 기술

"행복은 운이 따라야 하는 일이 아니라 배울 수 있는 기술에 가깝다."

프랑스의 과학자이자 불교 승려로 행복을 깊이 연구해온 마티유 리카르Matthieu Ricard의 말이다. 리카르는 행복이란 "남달리 건강한 마음에서 우러나는 깊은 충일감이다. 단순한 즐거움이나 일시적인 감정, 기분이 아니라 존재의 최적 상태다"라고 정의했다.

삶에서 우리의 행복은 세 가지 요인에 가장 크게 좌우된다. 첫째로 유전적으로 타고난 기질이 대략 행복의 절반가

량을 책임진다. 우리가 어찌할 수 없는 부분이다.

다음으로, 우리의 삶이 처한 환경은 놀라울 정도로 행복에 지극히 적은 부분만 차지한다. 약 10퍼센트 정도다. 모든 것을 다 가진 듯 보이지만 불행한 사람, 많은 난관을 거쳤음에도 매우 행복한 사람이 있는 이유가 이 때문이다. 환경은 그다지 중요하지 않다.

마지막으로, 나머지 40퍼센트는 우리의 의도적 행동, 즉 삶이 처한 환경을 우리가 어떻게 생각하고 이해하는지에 따라 결정된다(류보머스키, 셸든, 샤케이드, 2005). 따라서 행복의 두 가지 변덕스러운 요인, 즉 자신이 처한 환경과 이를 해석하고 이해하는 방식만 고려하면, 우리의 생각과 태도가 행복의 80퍼센트를 차지한다고 볼 수 있다. 행복을 결정하는 데 큰 역할을 하는 이 요인이 바로 리카르가 '습득할 수 있는 기술'이라고 칭한 대상이다.

명상으로 행복을 연습한다

행복이 기술이라면 다른 것과 마찬가지로 연습이 필요할 것이다. 그렇다면 행복을 어떻게 연습할 수 있을까? 이미 짐작했겠지만 명상을 통해서다.

리카르는 연구진이 명상의 장기적 효과를 조사하기 위해 선택한 여러 명상가 중 한 명이었다. 피코 아이어Pico Iyer 는 참가자들을 테스트 한 후 "1만 시간 이상 명상을 한 명상가들과 그렇지 않은 수많은 이들을 비교한 결과, 연구진은 오랜 세월 가만히 앉아 있었던 사람들이 신경학 논문에서 단 한 번도 등장하지 않았던, 말 그대로 예상을 뛰어넘는 수준의 행복을 기록했다고 결론을 지을 수밖에 없었다"고 적었다.

1만 시간은 대단히 긴 시간이므로 예상을 뛰어넘는 수준의 행복을 바란다면 한시라도 빨리 명상을 시작하는 편이 좋을 것이다. 다행스럽게도 대부분의 사람들은 어느 정도의 행복에 이르면 만족하는데, 이는 1만 시간이나 필요치 않다. 내 경우 명상을 시작한 지 오래 지나지 않아 마음이 전보다 가벼워졌고, 코루 학생들에게서도 이와 유사한 경험담을 자주 들었다.

———

행복은 기쁨인가?

———

행복과 기쁨을 서로 제법 다른 개념임에도 혼동하기가 쉽다. 기쁨은 잠깐 머무는 감정이지만, 행복은 오래 지속된다. 기쁨은 외부 환경에 의해서 결정되지만, 행복은 우리의 내면 상태, 주로 마음의 상태에 따라 결정된다. 기쁨은 나 아닌 타인을 희생해서 얻을 수 있지만, 행복은 그렇지 않다. 행복은 결코 그런 식으로 얻을 수 없다.

당신에게 기쁨을 주는 일을 생각해보길 바란다. 따뜻한 물로 하는 샤워, 맛있는 식사, 멋진 구두, 황홀한 섹스일 수도 있다. 잠시 동안은 아주 좋겠지만 그 기분은, 또는 이것들이 가져오는 기쁨은 결국 끝이 난다. 끊임없이 취한다면 더 이상은 기쁨을 주지 못할 일이다. 결국에는 샤워를 그만하고 싶다는 생각이 드는 것이다.

　진정한 행복은 결코 질리지 않는 지고한 평온의 상태가 지속되는 것이지만, 이 상태에 이르려면 부단히 행복을 길러야 한다.

———

행복을 기르는 데 필요한 것

———

행복을 기르는 데는 우거진 정원을 가꾸듯이 깊은 사려와 돌봄이 필요하다. 마음챙김 수행이 필수 준비물이다. 마음챙김 명상이 영양분을 공급하고 건강하게 토양을 준비시킨다. 또한 어떤 씨앗을 땅에 심을지 결정하는 가치와 관점을 제공한다. 일반적으로 행복의 씨앗은 감사함, 관대함, 친절함, 겸손함, 연민 등 긍정적인 마음의 상태다.

　어떤 이들은 지나치게 긍정성을 함양하다가는 자신만의 경쟁력을 잃지는 않을까 걱정하기도 한다. ABC 뉴스 앵커인 댄 해리스Dan Harris는《10% 행복 플러스10% Happier》에서 자신이 겪었던 딜레마를 털어놓았다. 명상을 수행하며 연민과 친절한 마음이 커질수록, 경쟁이 심한 TV 뉴스 세계에서 성공하기 위해 필요한 교활함과 공격성이 점차 사라지는 것이 걱정스러웠다. 마침내 그는 긍정성이 더 이상 '얼간이'처럼 굴지 않는 것이지 열정을 포기하는 것이 아님을 깨달았고, 마음챙김 수행을 하면서 커리어는 성공가도를 이어갔다. 그는 이렇게 적었다.

"연민은 당신의 우군을 만드는 전략적 이점이 있다. 또한 작은 사실 하나를 더하자면 연민은 우리를 훨씬 충만한 인간으로 만든다."

행복에 대한 연구를 통해 긍정성이 인생의 중요한 목표를 달성하는 데 걸림돌이 되지 않는다는 사실이 증명되기도 했다. 높은 결혼 성공률, 낮은 이혼율, 더욱 많은 친구, 더욱 든든한 사회적 지지, 창의력과 생산력 향상, 소득 향상 등 행복은 셀 수 없이 많은 실질적 이점이 있는 것으로 밝혀졌다(류보머스키, 셸든, 샤케이드, 2005).

위에 나온 모든 이야기는 내가 지켜본 내용과도 일치한다. 더욱 행복하고 따뜻한 사람으로 변한 덕분에 성공하지 못한 사람을 한 번도 본 적이 없다. 복수심에 불타는 독재자가 되는 것이 목표가 아니고서야 행복이 당신의 목표를 가로막을 일은 없다.

정원을 잘 가꾸기 위해선 잡초를 결코 놓쳐서는 안 된다. 잡초는 탐욕, 질투, 편협, 증오 같은 부정적인 마음 상태다. 관찰하는 마음을 연마할수록 자신이 비판적이거나 무례하게 굴 때를 자각하고 이런 행동이 타인을 불편하게 한다는 것도 인지하게 된다. 이때 찾아오는 감정이 달갑지 않을 것이기에 점점 이런 행동을 줄여나갈 것이다. 잡초를 발견하는 즉시 제거해 당신이 키우고자 하는 씨앗이 성장할 자리를 마련하는 것이다. 러셀 시몬스는 이를 몸소 체험했다. 그는 이렇게 설명한다.

"마음에서 온갖 판단을 제거한다고 해서 판단이 머물던 자리가 텅 비게 되는 것은 아니다. 판단을 없앨 때 그 자리를 대신하는 것은 연민이다."

예전에 코루 수업을 들었던 제이슨은 4년간 꾸준한 명상 수행을 한 결과 자신의 정서가 어떻게 변했는지 이야기했다. 처음에는 불편한 패턴이 자주 인식되었다. 자전거를 타고 일터로 가는 길에 자신 앞을 가로막는 사람들에게서 짜증이 나거나, '에고를 키우는' 말을 하거나, 다른 이들의 말에 귀를 기울이지 않는 식이었다. 그는 이렇게 설명했다.

"처음에는 어떻게 해야 할지 모르겠더라고요. 이런 잘못된 사고방식을 고치려 할수록 더 깊이 뿌리내리는 기분이었어요. 그러나 이런 생각이 든다는 것을 인식할 때마다 호흡에 집중했더니 전과 달리 반응할 여유가 생겼어요. 습관처럼 반응하는 대신 그저 생각을 흘려보내고 제 자신에게 친절하게 대하려고 노력했죠."

이제 제이슨은 타인의 감정을 전보다 깊이 이해하고 자신을 힘들게 하는 사람들을 용서하는 것이 한결 쉬워졌다. 사소한 일에 짜증을 내는 일이 줄었고, 타인의 이야기를 경청하고, 타인의 기쁜 소식을 전해 듣는 것도 즐거워졌다. 마지막으로 그는 명상에 대해 이렇게 말했다.

"힘든 길이었지만 궁극적으로는 평안에 이르는 길이었어요. 박사 과정과 동시에 명상을 시작한 것이 참 다행스럽다고 생각해요."

제이슨은 명상 수행을 통해 자신이 싫어했던 생각과 행동에 불필요한 자기 비판을 더하지 않고 그대로 인식하는 법을 배웠다. 판단하는 마음을 버리자 부정적인 사고방식이 점차 사라졌다. 제이슨은 현재 자신의 삶에 행복을 느끼고, 자신이 하는 일에서도 성공을 거두고 있지만 이 상태에 이르기까지 노력이 필요하다는 것을, 그러나 이 노력이 충분한 가치가 있음을 누구보다 잘 알고 있다.

과학 노트 ◇ 노스이스턴대학교 과학자들은 명상이 타인을 향한 연민 어린 행동을 이끌어내는 데 정말 효과가 있는지 알아보기 위해 한 가지 기발한 연구를 진행했다(콘던 외, 2013).

먼저 연구진은 참가 학생 가운데 절반에게 명상을 가르쳤다. 그 후, 실험 참가자들을 연구소에 불러 이들이 대기실에서 기다려야 하는 상황을 만들었다. 대기실에는 세 개의 의자가 마련되어 있었고, 이 중 두 개는 실험 공모자인 두 명이 이미 앉은 상태라 참가자는 선택권 없이 남은 의자에 앉아야 했다. 몇 분 후, 누가 봐도 환자처럼 보이는 세 번째 실험 공모자가 목발을 짚은 채 등장했다. 이미 앉아 있던 공모자 두 명은 일부러 목발을 한 사람을 모른 척했다. 여기서 쟁점은 '명상을 배운 실험 참가자가 그렇지 않은 사람들보다 연민 어린 반응을 더욱 자주 보여줄 것인가'였다.

연구 결과, 명상을 배운 사람은 배우지 않은 사람들에 비해 의자를 양보하는 경우가 세 배 이상으로, 훨씬 배려 깊은 모습을 보였다. 명상을 하는 사람들이 타인의 고통에 더욱 이해가 깊어진 것인지, 단지 고통에 빠진 사람을 더 신경 쓰게 되는 것인지는 불분명했다. 어찌 되었든 명상을 배운 사람은 배우지 않은 사람들과 비교해 훨씬 연민 어린 행동을 보여주었다. 연구진 중 한 명인 데이비드 데스테노David DeSteno는 이렇게 정리했다.

"이 연구에서 정말 놀라운 점은 윤리적인 행동을 하지 않아도 되는 상황에서도 명상은 사람들에게 고통에 빠진 타인을 돕는 도덕적인 행동을 하게 만들었다는 점이다. 어려운 사람을 모른 척한 실험 공모자들이 '방관자 효과(주변에 다른 사람이 많을수록 어려움에 처한 이를 돕지 않게 되는 심리 현상─옮긴이)'를 야기했음에도 말이다."

———

행복은 행동이다

———

긍정적인 마음 상태를 유지하는 행동은 행복을 향상하는

데 큰 도움이 된다. 자기 자신에게 어떠한 감정을 느끼도록 강요할 수도 없고, 어떻게 느끼지 않는다고 해서 자신을 비판할 필요도 없음을 명심해야 한다. 그저 느껴지는 것을 느끼되 행동만큼은 우리가 선택할 수 있다. 긍정적인 마음이 생겨나고 더욱 커지도록 하는 행동을 선택할 수는 있다.

행복을 고취하는 행동은 다양하다. 이를테면, 개인의 이익을 바라지 않고 타인에게 선행을 베푸는 이타주의는 우리를 행복하게 만든다. 자신에게 즐거움을 주는 행동과 비교했을 때 이타주의적 행동으로 기분이 향상되는 효과가 더 오래 지속된다(하이트, 2006).

행복을 이끄는 다른 행동으로는 감사함을 키우고 관대함을 베푸는 것이 있다. 기분이 어떻든, 이런 행동에 의식적으로 참여해야 한다. 행복해지기를 기다리기보다는 행복을 이끄는 행동을 선행한 뒤 어떤 변화가 찾아오는지 살펴보길 바란다.

잠시 멈춤 ◇ 오늘 잠자리에 들기 전까지 대가를 바라는 마음 없이 타인을 위한 선행을 한 가지 하길 바란다. 그리고 내일도 반복한다. 이 행동이 당

신의 기분과 그날의 일상에 어떠한 영향을 미쳤는지 살핀다. 타인에게 베푼 선행이 당신에게도 유익하다면, 매일 하나씩 친절을 베풀겠다고 노력해볼 수 있다.

마음챙김 수행이 진행될수록 자기 자신과 타인을 비난하는 마음이 줄어들고, 다른 이들에게 먼저 도움의 손을 내밀며, 후회할 만한 말이나 행동을 덜 하게 될 것이다. 이 모든 변화 덕분에 더 행복해질 것이다.

이 책을 읽는 동안 매일 명상을 해왔다면 이미 긍정적인 변화의 조짐을 느꼈을 수도 있다. 당신이 이 새로운 변화를 무척 신기하고도 흥미롭게 느끼기를, 그래서 행복의 정원을 하루 10분씩 꾸준히 가꿔가기를 바란다.

5
단
계

—

일상의 모습을
바꾸는
마음챙김의 힘

사람들은 높이 솟은 산, 바다의 거센 파도,
길게 뻗은 강, 광활하게 펼쳐진 바다,
원운동을 하는 별을 보고 경탄하지만
자기 자신에 대해서는 감탄할 줄 모른다.

- 성 아우구스티누스
  (중세 기독교 역사상 가장 위대한 사상가이자 문학가, 신학자)

풍요로운 삶을 위한
마음챙김

축하 인사를 전한다! 이제 코루의 마지막 두 가지 가르침만
이 남았다. 이번 장에서 '먹기 명상'과 '감정에 이름 붙이기'
를 배울 예정이다.

먹기 명상은 음식을 먹을 때 동원되는 모든 감각을 명상
의 대상으로 삼는 것을 의미한다. 먹기 명상은 보통 마음챙
김에 입문할 때 가장 먼저 배우는 기술이지만, 코루 학생들
에게서 이 기술을 가장 마지막에 배우는 것이 좋겠다는 피
드백을 많이 접했다. 당신이 지금껏 수행해온 마음챙김 기
술 덕분에 먹기 명상이 더욱 큰 힘을 발휘할 것이다.

감정에 이름 붙이기 명상은 앞에서 배운 '생각에 이름 붙이기'에서 좀 더 깊이 들어간 개념이다. 이름 붙이기는 일반적으로 다른 수행에 비해 단계가 높은 상급 기술로, 감정에 이름 붙이기는 좀 더 안정된 마음 상태가 필요하기 때문에 코루에서 가장 마지막에 가르친다. 이 명상이 특히나 유용한 이유는 우리가 가장 자주 하는 사고 패턴 이면에는 강렬한 감정이 있기 때문이다.

먹기라는 저평가된 즐거움

음식을 섭취하는 행위는 그 가치를 제대로 인정받지 못하고 있다. 하루 중 몇 번이나 즐거움을 경험할 기회임에도 대다수의 사람들은 자신이 섭취하는 음식을 제대로 인식하지 못한 채 스마트폰을 들여다보며 아무 생각 없이 입안으로 밀어넣고는 한다.

현대 서구 문화에서 대부분의 사람들은 맛있는 음식을 풍족하게 즐길 기회를 누린다. 혹한기에는 말린 뿌리나 견과류 외에는 달리 선택권이 없었던 빈곤했던 선조들과는 달리, 우리는 다양한 선택지 안에서 가장 만족스러워 보이는 음식을 신중하게 선택한다. 그러고는 입안에 가득 퍼지는 맛의 향연에는 조금도 관심을 기울이지 않은 채 급히 음식을 씹어 삼킨다.

먹기 명상

이 잘못된 패턴을 고치는 것이 먹기 명상이다. 우리에게 생기를 불어넣어주는 맛있는 음식을 섭취하는 이 기적적인 행위에 의식을 활짝 여는 것이다. 먹기 명상은 음식의 기원을 인지하는 것에서부터 혀에서 느껴지는 모든 풍미를 낱낱이 음미하기까지 음식을 먹는 경험이 지닌 풍성함을 처음부터 끝까지 존중하는 것이다. 아주 간단한 음식조차도 완전히 인식하면 놀라운 가치를 선사한다.

먹기 명상 방법

○ 먹기 명상을 하기 위해선 과일 같이 가볍게 섭취할 수 있는 것을 준비

한다. 포도, 베리류, 사과 한 조각이 좋다. 방해를 받지 않을 만한 조용한 공간을 찾는다. 음식을 무릎이나 앞에 놓인 테이블에 올려놓는다.

○ 두 눈을 감고 느리게 두 번 심호흡을 한다. 준비가 되었다고 느끼면 두 눈을 뜨고 자신 앞에 놓인 음식을 바라본다. 색과 모양, 질감을 관찰한다. 음식을 바라보며 느끼는 신체 감각이나 생각을 인식한다. 음식이 당신에게 도달하기까지 과정을 잠시 생각해본다. 어떤 사람이 어느 곳에 씨앗을 심었다. 햇빛과 비를 머금은 흙 아래서 씨앗이 자랐다. 누군가 열매를 수확한 뒤 상점까지 유통시켜 당신이 구매할 수 있었다. 땅에서 자란 맛있는 열매 일부가 당신의 앞에 놓인 것은 작은 기적과도 같다.

○ 손으로 음식을 집은 뒤 느껴지는 모든 것에 호기심을 갖는다. 어떤 느낌인가? 질감, 온도, 무게는 어떤가? 음식을 바라보며 떠오르는 생각을 모두 인식한다. 음식을 먹고 싶다는 신호가 입안에서 느껴지는가?

○ 음식을 코에 가져다 댄 뒤 어떤 향이 느껴지는지 살핀다. 이제 음식을 입안에 넣되 씹지 않고 잠시 기다린다.

○ 무엇이 느껴지는가? 풍미? 질감? 온도? 씹고 싶다는 충동? 다른 생각

이 떠오르는가? 세심하게 관찰을 한 뒤 이제 음식을 한 번씩 꼭꼭 씹는다. 음식을 베어물었을 때 어떤 일이 벌어졌는가? 맛은 어떠한가? 입과 혀가 어떻게 움직이는가? 맛은 입속 어디에서 느껴지는가?

○ 삼키지 않고 천천히 음식을 씹으며 되도록 많은 것을 인식하려 노력한다. 혀가 어떻게 움직이고 위아래 치아가 어떻게 맞부딪치는지 의식한다. 삼킬 준비가 되었다면 음식이 넘어가는 그 경험에 주의을 집중한다. 목구멍 뒤로 음식이 넘어갈 때 어떤 근육이 움직이는가? 음식을 삼키고 나서 어느 시점에서 더 이상 음식을 감지할 수 없게 되었는가?

○ 음식을 한 입 삼키는 동안 어떠한 생각, 감정, 감각이 찾아왔는가?

○ 이제 같은 음식으로 처음부터 다시 시작한다. 음식의 외형과 향을 신중하게 관찰한 뒤 음식을 맛보고 씹는다. 이렇게 몇 번 반복하며 먹는다는 행위에 처음부터 끝까지 온전히 집중한다.

○ 다른 명상과 마찬가지로 먹기 명상을 하면서도 한 번씩 마음이 흐트러질 때가 있을 것이다. 마음이 산란해질 때면 다시 음식을 보고 만지는 일련의 경험에서 느껴지는 감각으로 주의를 되돌린다.

○ 명상을 마친 후에는 두 눈을 감은 채 몇 분간 조용히 앉아서 호흡을 관

찰하고 몸이 어떻게 느끼는지 인식한다. 준비가 되었다면 두 눈을 뜨고 몸

이 가는 대로 스트레칭을 한다.

평소와 달리 명상과 함께 음식을 먹으며 무엇을 느꼈는가? 대부분의 사람들은 음식을 천천히 섭취하는 일련의 과정에 세심한 주의를 기울일 때 전해지는 풍성한 향과 맛, 복잡한 근육 운동에 놀라곤 한다.

음식을 천천히 섭취할 때 몇 가지 이점이 있다. 우선 마음챙김을 행하며 음식을 섭취할 때 그 경험이 제공하는 즐거움을 최대한 많이 누릴 수 있다. 일상생활 속 소소한 즐거움에 집중하면 살면서 어려운 순간이 닥칠 때에도 의식의 균형을 유지할 수 있다.

다른 이점으로, 천천히 먹는 것이 질적으로도 양적으로도 음식을 건강하게 섭취하도록 돕는다. 한 번씩 적당하게 배부른 선을 지나 지나치게 많이 먹을 때가 있다. 이런 일이 일어나는 이유는 보통 배가 부르다는 정보가 두뇌에 입력되기까지 몇 분이 소요되는 탓이다. 음식을 너무 빨리 먹는다면 두뇌가 미처 알아채기도 전에 배가 부른 지점 이상으

로 섭취하게 된다. 천천히 먹을 때 음식을 충분히 섭취했다고 몸이 인식하고 소통할 여유가 생긴다.

먹기 명상을 배운 후 코루 학생들은 보통 이런 반응을 보인다.

"와, 정말 천천히 먹었어요. 이런 식으로 한 끼를 다 먹으려면 평생 걸리겠는데요."

물론 평생이 걸리지는 않는다. 평생은 아주 긴 시간이다. 그러나 어느 정도 시간이 걸릴 것이다. 완전히 인식하며 한 끼를 먹는 것이 어떤 기분일지 시도해보는 것도 좋겠다.

물론 음식 전체를 마음챙김으로 먹어야만 그 이점을 경험할 수 있는 것은 아니다. 속도를 조금 늦추는 것만으로도 변화를 느낄 수 있다. 좀 더 유념하며 먹기 위해 속도를 늦추고 싶다면 한 번 음식을 입에 넣은 후 포크를 내려놓는다. 이렇게 간단한 행동이 입속에 가득한 풍미에 온전하게 의식을 집중하는 데 도움이 된다. 그렇지 않으면, 매끼마다 처음 한 입만 마음챙김으로 맛보거나 모닝커피를 마실 때 적용해볼 수도 있다. 음식이나 음료를 먹거나 마실 때 작은 변화를 주는 것만으로도 어떠한 이점이 있는지 시도해보길 바란다.

감정을 관찰하는 최고의 방법

앞에서 '생각에 이름 붙이는 법'을 배웠다. 이번에는 당신이 이름 붙인 생각에 감정을 더하는 법을 배울 것이다. 생각에 이름 붙이기는 마음속에 단어 또는 이미지로 생각이 떠오르는 것을 인식하면 속으로 '생각'이라고 말한 뒤 주의를 호흡에 다시 집중하는 명상법이다. 자신의 생각을 구성하는 것이 계획, 판단, 걱정이라면 이 단어를 쓰면 된다. 다른 단어를 택하는 것은 전혀 문제가 되지 않지만, 중요한 것은 어떤 이름을 붙여야 하는지에 너무 얽매여 있어서는 안 된다.

생각에 이름 붙이기를 그간 수행했다면 특정한 생각이 반복된다는 것을 알아챘을 것이다. 지속적으로 찾아오는 생각에는 때로는 굉장한 불편함을 느끼기도 하고, 그럴 때면 크게 좌절하며 이런 생각들이 멈추길 바랄지도 모른다. 이런 생각은 보통 강렬한 감정을 자양분으로 삼는다.

어떤 이들은 강렬하고 압도적인 감정을 지속적으로 느낀다. 자신의 감정을 감지하거나 실체를 인식하지 못하는 사람도 있다. 감정은 보통 속이 불편하거나, 가슴에 압박을 느끼거나, 얼굴 및 팔다리가 짜릿하거나 열이 오르는 등 신체적 감각으로 발현될 때가 많다.

감정은 생각을 만들어내는데, 어떠한 감정으로 가득 찬 생각과 감정 그 자체를 혼동하는 때가 많다. 예를 들면, 물건을 아무 곳에나 어지르는 룸메이트와 함께 지낸다고 생각해보자. 당신은 분노를 느끼고, 당신의 마음은 룸메이트가 짜증 나는 인간이라는 생각을 만들어낸다. 룸메이트가 한심한 인간임을 가리키는 단어와 이미지들, 즉 생각이 떠오르는 것이다. 감정은 당신이 분노에 반응을 보일 때 몸 안 신경계에서 발생시키는 감각이다.

주전자 뚜껑을 꽉 잡고 있다고 해서 물이 끓지 않는 것은 아니듯이, 감정으로 가득 찬 생각을 억압한다고 해서 생각을 멈출 수는 없다. 물이 더 이상 끓지 않게 하려면 불을 낮춰야 하고, 정서적 열기로 마음이 들끓는 것도 같은 논리로 접근해야 한다.

특정 사고 패턴을 부추기는 감정에 냉철하게 알아차림을 행할 때 열기를 낮출 수 있다. 감정을 인식하고, 이름을 붙이고, 호기심을 갖고 관찰해야 불을 끌 수 있다. 의식을 다시 호흡에 집중하는 것은 감정을 억누르거나 밀어내는 게 아니다. 다만 시선을 옮기는 것이다. 격렬한 감정이 다시금 당신의 주의를 끌겠지만 그래도 걱정할 것은 없다.

명상을 하는 동안 어떠한 감정이 찾아올 수도 있다. 감정을 감지했다면 이를 '감정'이라고 하거나, 그 감정이 어떤 정서인지 분명하게 알 경우 '두려움, 분노, 기쁨, 슬픔, 후회, 만족감' 등 구체적인 이름을 붙이면 된다. 현재 경험하는 감정이 무엇인지 불분명할 때는 '혼란'이라고 부르고 기꺼이 받아들인다. 과학자의 태도로 마음이 어떻게 작용하는지 계속 관찰을 할수록 다양한 감정 상태를 가려내는 법을 깨우칠 것이다.

감정에 이름 붙이기 명상

아래에 나온 설명을 따르거나 웹사이트(http://www.korumindfulness.org/guided-meditations) 또는 코루 어플에서 제공되는 오디오 가이드의 도움을 받아도 좋다.

감정에 이름 붙이기 명상 방법

○ 감정에 이름 붙이기 수행을 시작하기 위해 우선 앉아서 하는 명상 자세를 취한 뒤 타이머를 최소 10분 이상으로 맞춘다. 생각에 이름 붙이기 명상과 마찬가지로 호흡에 의식을 집중한다. 어떤 생각이 인식될 때는 그것에 맞서거나 비판하지 말고 이름을 붙인 뒤 다시 호흡에 집중한다.

○ 어떠한 강렬한 생각이 반복해서 찾아오는가? 그렇다면 그 생각 이면에 무엇이 있는지 읽어낼 수 있겠는가? 감정이 감지되는가? 그 감정을 온전히 알아차리면서 몸의 어느 곳에서 전해지는지 파악할 수 있겠는가? 보통 감정은 복부나 가슴의 신체적 감각으로 나타난다. 몸에서 느껴지는 감정 그 자체의 감각과 감정에서 파생된 생각의 차이를 느껴보길 바란다.

○ 감정을 인지하고는 '감정'이라고 이름 붙인다. 감정의 성격을 분명히 파악할 수 있다면 '분노', '기쁨', '두려움', '만족감' 등 정확한 단어로 이름 붙인다. 자신이 감정에 얽매이려 하는지 밀어내려 하는지 파악한다. 그 감정을 다른 것으로 바꾸려 하지 않고 그대로 수용하거나 반갑게 맞아들일 충분한 공간을 만들 수 있는지 살핀다.

◌ 지금 느끼는 감정은 즐겁든 그렇지 않든 일시적일 뿐이다. 이 감정에 반응하지 않고 당신의 관찰하는 마음이 그저 인식하도록 둔다면 감정의 강도가 달라지고 변화하는 것을 느낄 것이다. 감정은 무척 흥미로운 대상이므로 감정이 사라질 때까지 또는 자신의 주의를 호흡에 다시 돌릴 준비가 될 때까지 과학자의 객관적인 태도로 감정을 관찰한다.

◌ 명상 타이머가 끝을 알릴 때까지 호기심과 인내심으로 감정을 계속 주시한다. 명상을 끝내려면 깊이 심호흡을 한 번 한 뒤 눈을 뜨고 몸이 원하는 대로 스트레칭을 한다.

감정의 실체를 파악하고 이름을 붙이고 알아차리는 것 모두 마땅히 연마할 가치가 있는 중요한 기술이다. 감정에 이름 붙이기 명상으로 당신과 감정에 대한 관계를 달리할 수 있고, 감정을 두려워하고 회피하는 마음이 줄어드는 덕분에 전보다 감정에 휘둘리지 않게 된다.

감정을 인지하고 관리하는 법을 배우는 것은 더욱 건강한 인간관계를 형성하는 데 중요하다. 이는 다음 장에서 다룰 내용이다. 우선은 잠시 시간을 내어 자신의 감정을 관찰하는 연습을 하길 바란다.

잠시 멈춤 ◇ 극도로 강렬한 감정을 관찰하고 수용하는 데는 아주 강력한 마음챙김 근육이 필요하다. 강도가 약한 감정으로 우선 연습을 시작하며 몸 어느 곳에서 감정이 느껴지는지, 감정의 실체가 무엇인지, 이 감정을 생각하는 마음이 지어내는 스토리와 감정을 어떻게 분리하는지를 깨우치는 편이 안전하다.

자신의 감정을 잠시 탐험한다. 자리에 앉아 눈을 감고 호흡을 인식한 뒤 의식을 몸에 집중한다. 어떠한 감정을 가리키는 감각이 느껴지는가? 지루함이나 만족감처럼 미묘한 감정이 느껴지지는 않는가?

어떤 때는 스토리를 먼저 인식한 뒤 그 이면에서 스토리를 만들어낸 감정을 발견하는 경우도 있다. 감정을 가리키는 신체 감각에 최대한 호기심을 갖고 주시한다. 호기심과 연민으로 감정을 지켜보는 연습을 한다. 호흡은 느리고 깊게 하며 그 감정 주변을 확장해 충분한 공간을 만든다. 감정이 변하거나 달라지는지 살핀다. 감정에 얽매이거나 억지로 밀어내려 하지 않는다. 그대로 받아들인다. 감정에 얽힌 생각은 모두 생각의 강물을 따라 흘러가도록 둔다. 원하는 만큼 충분한 시간을 갖고 감정을 살핀다.

이 두 가지 명상을 마음챙김 수행에 더하면 총 10가지 명상법과 기술을 배운 셈이다. 지금쯤이면 자신에게 가장 잘 맞고 가장 유용하게 느껴지는 마음챙김 기술 한 가지를 골

라 연마하고 있을 것이다. 마지막 두 가지 명상도 충분한 시
간을 들여 연습한 뒤 이제 막 싹 트기 시작한 당신의 마음챙
김 수행에 더할 수 있을지 살펴보길 바란다.

인간관계에 적용하는
마음챙김

친구, 가족, 연인, 동료와 형성한 관계의 양과 질만큼 우리
의 행복에 중요한 역할을 하는 것은 없다. 인간관계는 우리
에게 중요하다. 인간은 관계가 필요하다. 우리는 타인과의
관계에 의존하도록 진화했다. 동굴에서 쫓겨나면 생존할
수 없었던 선조들처럼 우리 삶의 행복과 성공은 건강한 관
계를 형성하는 능력에 상당 부분 달려 있다(하이트, 2006).

　새로운 관계를 형성할 때도, 기존의 관계를 더욱 강화할
때도 마음챙김 기술이 유용한 도움을 준다. 앞서 행복에 대
해 얘기할 때 명상이 우리 안의 자애로운 면을 이끌어내어

더욱 친절하고 더욱 인내하고 덜 이기적인 사람으로 변화시킨다는 것을 이미 배웠다. 이 모든 변화는 타인과 교류하는 능력을 향상시키는 데 도움이 된다.

마음챙김의 다른 이점인 현재에 집중하는 법을 깨우치면, 우리는 타인의 말을 더 경청하고, 더 사려 깊게 말하며 더 신중하게 자신의 정서 반응을 통제하는 것이 가능해져 타인과의 유대감을 높일 수 있다. 이 모든 요소가 더욱 건강하고 만족스러운 대인관계를 형성하는 데 도움이 된다.

———

사람과 사람 사이에서 마음놓침을 주의한다

———

마음놓침mindlessness은 설명하기는 어려우나 저지르기는 쉽다. 관계에서 혼란이 일어나는 대부분의 원인은 마음놓침이다.

정서적 암류에 휘말리는 마음놓침

내면의 감정 상태에 무지할 때 마음놓침은 갈등을 야기한다. 질투, 분노, 원망 같은 불편한 감정은 인간관계에서 보편적으로 나타난다. 하늘에서 소용돌이를 형성하며 내려앉는 사이클론처럼, 어둡게 몰아치는 감정은 파괴적인 언행을 몰고 온다. 학교에서나 회사에서 힘든 하루를 보내고 난 뒤 남에게 괜한 시비를 걸었던 적이 있는가? 자신이 만든 문제를 두고 배우자나 룸메이트에게 비난의 화살을 돌린 적은? 자신이 잘못했다는 것을 인정하지 못해 친구를 잃었던 적이 있는가?

모두가 이런 경험을 한 적이 있을 것이다. 대다수의 경우 내면에서 진행되는 정서 처리 과정에 무지한 탓일 때가 많다. 누구나 어떠한 행동을 강력하게 이끌어내는 특정한 반응 패턴이 있다. 주의하지 않고 그대로 둔다면 이 반응 패턴은 인간관계에 악영향을 미친다. 마음챙김을 통해 자신의 정서 반응과 패턴을 온전히 인식한다면 그 순간 어떻게 행동할지 결정할 수 있다.

이를테면, 나는 몸이 피곤하면 짜증이 나고, 생각하는 마음이 속사포처럼 가족에 대한 비판을 쏟아낸다. 주의하지 않으면 이 부정적인 생각에 휩쓸려 주변 사람들에게 괜히 싸움을 건다. 충분한 휴식을 취했을 때는 가족의 결점이 그리 신경 쓰이지 않는다. 이런 내 성향을 인지한 덕분에 독선적인 비판이 내 머릿속을 헤집을 때면 '이 반응은 내가 사랑하는 사람들의 타고난 결점 때문이 아니라 단지 내가 피곤하다는 뜻'이라는 것을 깨닫게 되었다. 따라서 마음속에 불평이 자꾸 커지면 그대로, 즉 내게 휴식이 필요하다는 신호로 받아들이려 노력한다.

옳아야만 직성이 풀리는 마음놓침

자동차 범퍼에 붙은 스티커 가운데 "옳고 싶은가, 아니면 행복해지고 싶은가?"라는 문구를 본 적이 있는가? 특히 남과 싸움을 벌일 때는 행복을 희생해가면서까지 자신의 모든 에너지를 쏟아 남보다 옳고 싶어한다.

의견 충돌은 보통 두 사람이 한 가지 쟁점에 대해 서로 다르게 느낄 때 벌어진다. 한 사람은 이렇게 느끼고 생각하는 반면('다 쓴 그릇을 카운터에 그냥 올려두면 안 돼!'), 상대편은 달리 생각한다('모았다가 한꺼번에 치우는 게 효율적이야'). 어떤 일에 '옳은' 방법은 없지만 그 순간만큼은 한쪽만이 옳다고 느껴질 때가 있는데, 특히 자신이 중요하게 느끼는 사안일수록 그런 경향이 더욱 심해진다.

이런 언쟁은 사실 개인이 생각하는 우선순위나 관점의 차이일 뿐이다. 주의하지 않으면 상대방에게 자신의 생각이나 느낌을 강요하느라 쓸데없이 진을 빼고 만다. 이러한 상황에서는 서로의 관점이 다르다는 것을 받아들이고, 둘 중 누구의 의견이 그 순간에 좀 더 유용할지 결정하는 데 에너지를 쏟는 것이 현명하다.

그러기 위해선 먼저, 당신과 생각이 다르다고 해서 상대방의 의견이 틀렸다는 생각을 내려놓아야 한다. 그렇게 해야 문제를 해결하고 타협점을 찾을 수 있다. 두 사람 모두가 원하는 바를 어느 정도 얻을 수 있는 중간 지점이 있을까? 각자 가장 중요하게 생각하는 문제를 한 번씩 번갈아가며 상대방이 원하는 것을 들어주면 어떨까? 반드시 상대방에게 동의할 필요는 없다. 다만 서로의 감정과 의견을 존중할 줄은 알아야 한다.

잠시 멈춤 ◇ 한 번씩 냉정하게 쓴소리를 해야 할 때도 있지만, 불필요하게 분노, 질투심, 원망이란 감정에 반응해 상대방에게 상처를 주는 말을 무심코 뱉어낼 때가 있다. 어떤 때는 공백을 참지 못하고 초조해하며 쓸데없는 이야기를 늘어놓기도 한다. 주의를 기울이지 않으면 우리의 경솔한 말이 의도치 않게 가장 중요한 인간관계를 망칠 수도 있다.

불교 명상과 힌두 요가에서는 정어正語를 중시하는데, 이는 본질적으로 우리가 하는 말에 주의하고, 말로서 불필요한 해를 불러오지 않도록 최선을 다해야 한다는 의미를 담고 있다. 애완견과 달리, 말이란 한번 나가면 다시 불러올 수 없기 때문에 입 밖으로 말을 내뱉기 전에 신중하게 생각하는 것이 중요하다. 정어를 행하기 위해선 아래 사항을 따라야 한다.

말을 하기 전, 자신이 하려는 말이 진실한지(정확한 사실이 아닌 말을 우리가 얼마나 자주 하는지 알면 놀랄 것이다), 필요한지(굳이 할 필요가 있는 말인가?), 친절한지(반대 의견마저도 듣기 좋게 전달될 수 있다), 적절한 때인지(몸과 마음이 지친 친구는 당신의 의견을 들을 상황이 아닐 수도 있다) 스스로 물어야 한다. 당신이 하고자 하는 말이 위의 조건에 부합하지 않는다면 잠시 멈추어 메시지를 달리 수정하거나, 호흡을 몇 번 하며 말을 하고 싶은 욕망이 완전히 사라질 때까지 기다리는 것이 좋다.

많이 듣고 적게 말한다

남편의 말을 들어야 하지만 내심 왜 내가 옳고 그가 틀린지 반박할 말을 준비하느라 여념이 없을 때가 있다. 다음 말을 생각하느라 그가 하는 이야기를 경청하지 못한 탓에 진정한 의사소통이 불가능해진다. 이런 사람이 비단 나뿐만은 아닐 것이다.

의사소통을 향상시키는 깊이 듣기deep listening라는 마음챙김 수행이 있다. 조지 멈퍼드는 깊이 듣기를 두고 "판단하거나 조언하지 않고 멈추어 듣는 수행"이라고 설명했다. 깊이 듣기란 상대가 하는 말에 귀를 기울이고, 자신이 할 수 있는 노력을 다해 머릿속을 가득 메우는 추측과 논쟁에는 귀를 막는 것이다. 깊이 듣는다면 타인의 말을 진심으로 듣고 이해할 수 있다. 이것이 바로 효율적인 의사소통의 핵심이다.

수행 팁 ◇ 다른 마음챙김 기술과 마찬가지로 깊이 듣기도 연습으로 연마할 수 있다. 다음 명상 때는 관찰하는 마음을 열어 주변 소리에 귀를 기울인다. 가까이에서 들리는 소리, 멀리서 들리는 소리를 모두 인식한다. 소리에 얽매이지도 소리를 밀어내지도 않는다. 이름을 붙이거나 분석하지 않고 그저 듣는다. 생각이나 반응이 인다면 호기심을 갖고 관찰한 뒤 다시 귀에 들리는 소리로 의식을 집중한다.

이후, 다른 사람과 대화를 할 때 앞서 명상을 했을 때처럼 판단하는 마음을 버리고 몰입할 수 있는지 살펴본다. 표현하고 싶은 생각을 의식적으로 흘려보내고, 전해지는 말을 온전히 듣기만 하며 경험 그 자체에 호기심을 갖고 임한다.

———

응답은 많이 하고 반응은 적게 한다

———

마음챙김의 큰 이점 중 하나는, 강렬한 감정을 순식간에 끓어오르게 만드는 일이 벌어졌을 때 그에 따라 충동적으로 반응하지 않고 깊이 생각한 후에 응답하도록 만들어준다는 데 있다. 대응을 조절하는 능력을 갖추면 보복 운전이나 감정적 과식 같은 일을 피할 수 있고, 무엇보다 인간관계에서 찾아오는 힘든 순간을 잘 헤쳐나가는 데 유용하다.

누군가 당신 내면의 가장 예민한 버튼을 누르는 말을 했을 때, 울컥 감정이 치솟는 경험을 한 적이 있을 것이다. 그 순간 당신이 신랄한 말을 쏟아낸 탓에 상황은 더욱 안 좋아지고 이후 후회할 일만 남는다.

마음챙김은 감정의 몰아침이 시작되는 지점과 입에서 말이 쏟아지는 시점 사이에 작은 공간을 마련해준다. 이 작은 틈 사이로 관찰하는 마음이 자리해 몸을 통해 감정을 느끼고, 반응하고자 하는 충동을 바라보고, 다른 선택지를 떠올린다. 어떤 언행을 하기에 앞서 몇 번 의식을 집중해 호흡하면 좀 더 신중하게 응답하거나 아무 반응도 하지 않을 수 있다. 격렬한 감정이 밀려드는 순간을 온전히 인식하면 가족, 친구, 연인, 상사와의 관계가 변할 수 있다.

모나는 자신의 경험담을 공유했다. 그녀가 반응을 보이기 전에 몇 번 호흡을 한 덕분에 친구인 재스민과의 싸움을 피할 수 있었다. 모나가 허락을 구하지 않고 동생을 초대한 탓에 재스민이 잔뜩 화가 난 상태였다.

"평소라면 아주 방어적이 되어 재스민을 비난했겠지만

호흡을 하고는 잠시 기다렸어요. 마음이 진정되자 재스민의 의견이 타당하다는 것을 깨달았고, 재스민에게도 네 말이 옳다고 말했죠. 그 후에는 서로 어떤 마음인지 차분하게 대화를 나누었어요. 평소처럼 소리 지르며 싸우는 것보다 훨씬 나았죠."

칭찬은 많이 하고 비난은 적게 한다

아주 유용한 조언을 하나 전해주겠다. 칭찬과 비난의 비율을 5:1로 유지하면 자신도 한결 더 행복해지고 타인과의 관계도 대단히 좋아질 것이다. 즉, 불평이나 비판을 한 번 전할 때마다 따뜻한 말, 감사함을 전하는 말, 상대에게 동의하는 말을 다섯 번 해야 한다. 비판 한 마디에 좋은 이야기 다섯 마디를 하는 것이다. 100개의 불평을 말한다고 해도 500개의 칭찬을 하면 괜찮다는 뜻이다(아래 과학 노트 참고).

상사, 직원, 교수님, 룸메이트, 연인, 엄마, 형제자매, 친구 등 모든 관계에 이 공식을 적용한다. 모든 사람에게 말이다.

이것만 지킬 수 있다면 관계는 더욱 건강해지고 당신은 더욱 행복해질 것이다.

의도적으로 주변 사람들에게서 좋은 점을 찾아내는 것도 효과가 좋은 마음챙김 수행이다. 우리 내면에 있는 강력한 부정 편향(좋은 것보다 나쁜 것을 더욱 잘 감지하는 경향)으로 인해 타인의 좋은 점보다 싫은 것부터 보이게 마련이다. 이 편향에 균형을 맞추기 위해서는 마음챙김을 적극적으로 행하고, 기분 좋고 즐겁고 따뜻하게 타인과 상호작용을 하는 것을 하나도 놓침 없이 인식해야 한다.

타인의 장점을 깨달았다면 다음은 사랑의 마음을 실제로 전해줄 차례인데, 이 단계가 사실 무척 어렵다. 에드는 항상 비판을 입에 달고 사는 룸메이트에게 어떻게든 좋은 점을 찾아 말해주었던 경험담을 전하며 웃음을 터뜨렸다.

"칭찬하는 것이 관계를 향상시킨다고 배웠으니 제 룸메이트에게도 하루에 하나씩 칭찬을 하려고 노력했어요. 그 친구는 온종일 불평만 해서 절 미치게 만드는 애라 장점을 찾기가 정말 힘들었어요.

처음에는 정말 아무것도 안 보이더라고요. 걔는 정말 사람을 짜증 나게 하거든요. 결국에는 '위생 관념은 좋잖아.

룸메이트로서는 장점이지' 이렇게까지 생각했어요. 하지만 이걸 칭찬으로 하기에는 좀 이상하더라고요. 고민하다 보니 '아침에 조용히 해주는 덕분에 내가 깨지 않으니까 그건 인정해 줘야지' 하는 생각이 떠올랐어요. 그 친구에게 좋은 말을 해주는 것이 너무 어려웠어요. 뭐랄까, 좀 져주는 기분이 들었거든요. 하지만 결국에는 말했어요. '있잖아, 아침마다 조용히 움직여줘서 정말 고마워. 진심으로. 예전 룸메이트는 아침마다 잠을 깨웠거든.' 절 좀 이상하다는 듯 쳐다보는 친구를 보니 제가 머저리처럼 느껴졌어요.

다음 날, 제 룸메이트가 저에게 친구가 잠시 들렀었다며 메시지를 전해주더군요. 저는 룸메이트에게 고맙다고 인사를 했어요. 점점 좋은 말을 건네는 것이 쉬워졌고, 정말 이상하게도 더 이상 룸메이트가 짜증스럽게 느껴지지 않았어요. 이 친구도 전보다 한결 여유로워 보였고요. 좋은 말을 건네는 제게 좀 더 친절하게 대하는 것 같았죠. 결론적으로는 관계가 전보다 나아져서 좋았어요."

타인에게서 좋은 점을 발견해 직접 말하는 것은 관계를 원만하게 만드는 데 큰 도움이 된다. 친밀한 관계에서는 더욱 그렇다. 상대방이 똑똑하거나 매력적이거나 재밌는 사

람이라는 것을 본인도 알 거라 짐작하겠지만, 직접 알려주
지 않는다면 상대방은 당신이 불평이나 잔소리만 한다고
생각할 것이다. 상대방에게도 부정 편향이 있다는 것을 알
아야 한다. 그래서 한 번의 불평이나 불만을 만회하기 위해
선 사랑이 담긴 말을 다섯 번 전해야 하는 것이다.

칭찬하는 말을 더 많이 해서 부정적인 메시지를 보상하
지 않는다면, 시간이 지날수록 원망이 쌓여 결국 관계의 기
반을 위협한다. 타인에게 직접 감사와 장점을 말할 때 우리
자신도 친구와 연인, 가족이 지닌 좋은 점을 다시 한 번 상
기하게 되고, 상대방도 존중받는 기분을 느낄 것이다.

과학 노트 ◇ 존 가트먼John Gottman은 시애틀에 있는 워싱턴대학교 연구

실에서 오랫동안 '부부'를 연구했다. 부부 간의 갈등을 해결하는 과정을 관

찰하며 그는 부부 관계의 지속력을 예측하는 모델을 개발했다. 자신의 연

구실에서 그는 관계 문제를 논의하는 부부의 모습을 녹화했다.

가트먼과 동료 연구진은 불만, 방어적인 말, 비판 등 부정적인 언어와, 유

머와 동의 등 긍정적인 언어가 나오는 횟수를 집계했다. 가트먼은 비판적

인 말이 얼마나 많이 오갔는지는 아무런 관계가 없다는 것을 발견했다. 안

정적이고 행복한 관계에서는 긍정적인 말과 부정적인 말의 비율이 최소 5:1로 유지되었고 이 조건 아래서는 아무리 많은 갈등이 일어나도 관계에 악영향을 끼치지 않았다(가트먼, 1994).

잠시 멈춤 ◇ 타인에게 칭찬을 하는 습관을 지금 바로 이 순간부터 기른다. 옆에 있는 사람에게 진정성이 담긴 칭찬의 말을 전하길 바란다. 타인에게서 존경스러운 점, 고마운 점을 찾아 알려주는 것이다. 앞으로 일주일간 매일 세 번씩 이 연습을 한다. 한 사람에게 세 번을 해도 좋고, 세 사람에게 한 번씩 해도 좋다. 창의력을 발휘하며 이 과정을 즐기길 바란다. 칭찬의 말을 전한 뒤 상대방에 대한 자신의 감정이 어떻게 달라지는지 호기심을 갖고 관찰한다.

인간관계를 마음챙김으로 접근할 때 진정성 있고 힘이 되는 관계를 형성할 수 있다. 힘든 상황을 함께 이겨내고 기쁠 때 행복을 나누는 그런 관계 말이다.

명상 수행을 통해 감정의 실체를 인식하되 충동적으로 반응하지 않는다면 타인과의 상호작용을 향상시킬 수 있다. 감정에 이름 붙이기 명상법을 몇 분간 수행한다.

이제 거의 다 왔다. 이제는 자신의 마음챙김 수행을 되돌아보고 앞으로 어떻게 진행해갈지 생각해볼 시간이다.

마음챙김을
일상으로 받아들인다면

드디어 그간 마음챙김을 수행한 경험을 평가해볼 시간이
왔다. 나는 머리말에서, 이 책을 읽어나가며 마음챙김 실험
을 꾸준히 하되 마음챙김이 정말 자신에게 유용한지 평가
하는 일은 마지막까지 기다려달라고 부탁했다. 지금껏 소
개한 마음챙김 기술과 명상을 배우며 잘 따라와 주었으니
이제 어느 정도 점수를 매겼을 것이다.

당신의 생활이 달라졌는가

마음챙김 탐험을 시작한 뒤 당신 삶에 어떠한 변화가 있었는가? 스트레스를 대하는 방식이 달라졌는가? 전에는 괴로움을 느꼈던 상황에서 좀 더 침착하게 반응하는가? 자신과 타인에게 인내심을 발휘할 수 있게 되었는가? 당신의 마음이 어떻게 작동되고, 무엇이 당신을 자극했는지 깨달았는가? 행복의 씨앗이 자라나는 것을 느끼는가? 관계에 변화가 생겼는가?

되도록 진솔하게 위의 질문에 답해보라.

만약 마음챙김의 장점들이 조금씩 누적되는 것을 느낀다면 어떻게 해서든 마음챙김 근육을 단련하는 일을 멈추지 말고 계속하길 바란다. 아무 변화도 느끼지 못했다면 '마음챙김이 뭐가 그리 대단하느냐'고 의아하게 생각할 수도 있다. 마음챙김이 어떤 이들에게는 마력을 발휘하는 반면, 어떤 이들에게는 아무 효과도 없는 이유를 나도 정확히 모른다.

고통에서 벗어나기 위해 먼저 괴로움이 쌓여야만 한다고

말하는 사람도 있다. 이 말은 사실인지도 모른다. 내 경우에는 마음챙김으로 미래에 대한 걱정을 덜고 삶을 더욱 즐기게 되는 등 장점을 즉각 체험했기 때문에 순식간에 마음챙김에 빠져들었다. 이런 장점을 경험했던 것이 어려운 순간에도 마음챙김을 꾸준히 지속하는 동기가 되었다.

당신이 마음챙김을 계속 탐구할 생각이라면, 앞으로 어떻게 나아가야 할지 몇 가지 조언을 전해주고자 한다.

───

수행을 이어가는 다음 단계

───

독자들 중에는 마음을 갈고닦기 위해, 궁극적으로는 완벽한 깨달음을 얻기 위해 산속 동굴로 들어가거나 몇 년을 마음공부에 바치기로 결심한 이들이 많지 않을 것이다. 그러나 어떤 이들은 외국으로 여행을 떠나 몇 년 동안 구루에게서 가르침을 얻으며 깊은 내면을 파헤칠 만한 자유와 호기심을 부리고 싶어하기도 한다. 하지만 이런 경우보다는 마음챙김 수행을 천천히 확장하고 싶어하는 사람들이 더욱 많을 테니 이제부터 어떻게 해야 할지 살펴보겠다.

1. 수업을 듣거나 그룹에 참여한다

우리 문화는 존재보다 행위를 강조하고, 한 번에 한곳에 몰입하기보다는 멀티태스킹을 가치 있게 여기는 반反마음챙김 문화다. 따라서 마음챙김에 관심이 있는 비슷한 사람들과 교류하면 마음챙김 여정이 한결 쉬워질 것이다.

내 첫 번째 명상 스승이었던 제프 브랜틀리는 정말 마음챙김을 배우고 싶다면 명상 그룹에 가입해서 함께 하는 것이 좋을 거라고 말했다. 그의 소개로 매주 수요일 저녁마다 모임을 한 것이 벌써 20년 가까이 되었다. 내 수행이 이렇게 진전을 보일 수 있었던 것은 모두 그 모임 덕분이었다. 함께 한 명상가들이 없었다면 이토록 오래 명상을 할 수 없었을 것이다.

코루 기초반을 마쳤다면 다음 수업인 코루 2.0 과정을 등록하는 것도 한 가지 방법이다. 코루 수업에 참여할 수 없는 상황이라면 다른 명상 그룹이나 명상 수업이 분명 가까이에 있을 것이다. 언제나 현명한 조언자가 되어주는 구글

Google을 통해 어떤 선택지가 있는지 알아본 뒤 용기 내어 도전해보기 바란다.

새로운 그룹에 처음 참여할 때는 누구나 약간 긴장과 불편함을 느끼게 마련이다. 불안한 마음을 인식하고 다시 놓아주면 된다. 나름의 결론을 내리기 전 세 번은 참가해봐야 한다. 처음 명상 그룹에 참여했을 때 나도 상당히 어색하고 불안했다. 모임 공간이 아무리 시간이 지나도 익숙해질 것 같지 않았다. 첫 방문 후 바로 결론을 내렸다면 다시 돌아가지 않았을 것이다. 세 번째 방문했을 때야 비로소 이 모임이 내게 어떤 부분에서 도움이 될지 깨달았다.

주변에 명상 수업이나 그룹을 찾을 수 없다면 친구를 몇 명 설득해 당신이 직접 꾸려보는 것도 방법이다. 일주일에 한 번, 한 시간 정도 모이는 것으로 계획을 세운다. 함께 명상하고 마음챙김을 공부한다. 20~30분은 명상을 하고, 20~30분은 함께 마음챙김에 대한 글을 읽거나 팟캐스트를 듣고 의견을 나누면 가장 좋다. 주 1회 명상을 친구들과의 약속처럼 정하면 수행을 계속하는 데 힘이 된다.

2. 명상 수련회에 참여한다

체계적인 수련회에 참여해 명상을 오랜 시간 해보는 것은 마음챙김이 당신의 삶에 어떤 잠재력을 발휘할 수 있는지 체험하기에 가장 좋은 방법이다.

마음챙김 명상 수련회에서는 보통 침묵을 지키며 앉아서 하는 명상과 걷기 명상을 번갈아 한다. 맛있는 음식을 유념하며 나눌 때와 강사의 영감 넘치는 강의 시간 외에는 명상만 한다. 수련회는 반나절부터 몇 개월까지 기간이 다양하다. 사흘에서 일주일 수련이 가장 일반적이다.

며칠 동안 아무런 이야기도 나누지 않고 명상만 한다는 것이 얼마나 이상하게 들릴지 잘 안다. 처음 친구들에게서 명상 수련회 경험담을 들었을 때, 나는 너무 끔찍하다고 반응하며 절대로 그런 수련회에 참가하지 않을 거라고 말했다. 말을 줄일수록 후회할 일도 줄어든다고 늘 강조했던 엄마의 말이 옳았다. 명상 수련회가 너무 싫다고 호들갑을 떨었던 것이 지나고 보니 또 하나의 후회스러운 일로 남았다.

몇 년간 수많은 수련회에 참가했고, 개중에 유난히 힘든 수련회도 있었다. 처음 도전했던 사흘짜리 수련은 정말 힘들었다. 사흘 내내 몸과 마음을 다잡을 수가 없어 몸부림을 쳤다. 처음으로 참여한 일주일짜리 수련회는 내가 한 번도 경험해보지 못한, 너무나도 놀라운 시간이었다.

수련회 막바지에 이르러 대화를 나누었던 한 참가자는 수련회에 오기 전까지는 단 1분도 명상이란 것을 해본 적이 없다고 털어놨다. 그는 그랜드 캐니언Grand Canyon에서 래프팅을 하는 대신 명상 수련회를 선택했다고 했다. 그는 지금껏 해본 그 어떤 래프팅보다 수련회에서 의식이 변화는 과정을 경험한 것이 훨씬 흥미진진한 모험이었다고 말하며 자신이 옳은 선택을 했다고 고백했다.

많은 지역에서 수많은 명상 수련회가 열리고 있고 하나같이 훌륭한 강사들이 참여하고 있다. 가까운 곳에서 열리는 수련회를 찾고 싶다면 '마음챙김 명상', '통찰 명상', '비파사나Vipassana 명상' 수련회로 검색해보기 바란다.

3. 계속 배운다

스승을 찾고, 책을 읽고, 팟캐스트를 듣고, 웹사이트를 찾아보고, 마음챙김과 명상에 대한 강연회에 참석한다. 더욱 깊이 배울수록 수행을 계속해야 할 동기와 영감이 충만해진다. 수행을 할수록 더 많은 장점을 경험할 것이고, 그 결과 수행을 더욱 깊게 탐험하고 더욱 성장하게 될 것이다.

　부디 위의 조언을 따라 마음챙김 수행을 계속하며 앞으로 남은 날들을 더욱 넓어진 의식으로 살아가길 바란다. 하루에 몇 번 마음챙김 호흡으로 스트레스만 관리하든, 몇 시간씩 투자해 자신의 의식 깊숙이 파고들든, 마음챙김을 하면 한결 편안하고 더욱 뜻깊은 삶을 살아갈 수 있다. 너무 많은 것을 놓치기 전에 삶이 전해주는 절대적인 경탄의 순간을 온전히 받아들여보길 바란다.

모든 이에게
이롭기를

나는 명상을 끝내기 전, 항상 기도하듯 두 손을 가슴께에 맞
잡고 속으로 '내 수행이 모든 이에게 이롭기를' 하고 되뇐
다. 몇 년 전 조세프 골드스테인Joseph Goldstein이 이끌었던
수련회에 참가했을 때 배운 것이다. 기도를 하며 타인과 나,
그리고 세상과 내가 연결되어 있다는 사실을 다시금 깨닫
는다. 명상 수행과 더불어 이러한 연결감이 깊어질 뿐 아니
라, 어디에 있든 누구나 같은 것을 바란다는 사실, 즉 고통
을 덜고 싶은 바람은 모두가 같다는 사실도 더욱 깊이 깨닫
게 된다.

나는 완벽과는 거리가 멀지만, 명상 덕분에 내 삶을 더 편안하게, 그리고 사람들에게 좀 더 베풀면서 살 수 있게 되었다고 믿는다. 명상을 한 뒤 나는 조금이나마 친절하고 현명한 인간이 되었다. 예전보다 삶의 어리석음 속에서 해학을 느끼고, 나와 다른 사람들을 인정하고, 타인의 결점을 용서할 줄 알게 되었다. 그저 내 바람일지도 모르지만, 내가 느낀 변화가 작은 물결을 이루어 세상에 흘러들어가 타인의 삶을 조금이나마 편안하게 만들어주고, 또 그 사람이 또 다른 사람의 삶을 편안하게 해주는 순환이 일어날 거라고 믿는다. 이 작은 물결들이 다시 내게 돌아와 나도 혜택을 받으리라 생각한다.

딸아이가 어렸을 때 읽어주었던 동화책에는 암탉이 슬퍼하는 돼지에게 자신이 낳은 알을 선물하는 내용이 담겨 있었다. 암탉의 따뜻한 마음에 감동을 받은 돼지는 도움이 필요한 다른 친구에게 달걀을 선물하고, 이 친구는 다른 친구에게 선물하는 이야기였다. 마지막에는 달걀이 다시 원래 주인이었던 암탉에게 돌아왔다. 자신이 시작했던 관대한 마음과 친절함이 돌고 돌아 암탉은 결국 알에서 태어난 예쁜 병아리를 선물받았다. 작은 선물이 옆에 있는 사람에게

끝없이 전달되는 것처럼 우리의 사려 깊은 행동과 관대한 마음이 긍정적인 변화를 연쇄적으로 일으킬지도 모른다.

작은 변화가 큰 결과를 이끌어낸다는 것은 상당히 희망찬 생각이다. 나는 유튜브에서 루브 골드버그Rube Goldberg의 장치를 보는 것을 정말 좋아한다. 작은 도미노가 쓰러지는 것으로 시작해 아주 복잡한 일련의 과정을 거쳐 문이 열리는 식이다. 거대한 루브 골드버그의 장치처럼, 우리의 긍정적인 말과 의도가 도미노 효과를 일으키며 전 세계로 퍼지면 결국 우리 모두에게 더 나은 세상으로 향하는 창문이 활짝 열릴 것이라고 믿는다.

지금까지 여정을 함께 해주어서 진심으로 감사한다. 수행을 통해 당신이 놀랍고도 행복한 곳으로 가닿기를. 당신의 수행이 모든 이에게 이롭기를.

끊임없이 흔들리고 불안한 내 마음을 다스리는 삶의 기술

하루 10분 마음챙김으로
나를 바꾸는 법

초판 1쇄 발행 2021년 2월 23일

지은이 홀리 B. 로저스
옮긴이 신솔잎

책임편집 최보배
디자인 Aleph design

펴낸이 최현준·김소영
펴낸곳 빌리버튼
출판등록 제 2016-000166호
주소 서울시 마포구 월드컵로 10길 28, 202호
전화 02-338-9271 | **팩스** 02-338-9272
메일 contents@billybutton.co.kr

ISBN 979-11-91228-44-1 03180